essentials

essentials liefern aktuelles Wissen in konzentrierter Form. Die Essenz dessen, worauf es als „State-of-the-Art" in der gegenwärtigen Fachdiskussion oder in der Praxis ankommt. *essentials* informieren schnell, unkompliziert und verständlich

- als Einführung in ein aktuelles Thema aus Ihrem Fachgebiet
- als Einstieg in ein für Sie noch unbekanntes Themenfeld
- als Einblick, um zum Thema mitreden zu können

Die Bücher in elektronischer und gedruckter Form bringen das Expertenwissen von Springer-Fachautoren kompakt zur Darstellung. Sie sind besonders für die Nutzung als eBook auf Tablet-PCs, eBook-Readern und Smartphones geeignet. *essentials:* Wissensbausteine aus den Wirtschafts-, Sozial- und Geisteswissenschaften, aus Technik und Naturwissenschaften sowie aus Medizin, Psychologie und Gesundheitsberufen. Von renommierten Autoren aller Springer-Verlagsmarken.

Weitere Bände in der Reihe http://www.springer.com/series/13088

Pablo Peyrolón

Spieltheorie und strategisches Denken

Komplexe Interaktionen zwischen Politik und internationalen Finanzen verstehen

Pablo Peyrolón
Fachhochschule Wien für Management
und Kommunikation
Wien, Österreich

ISSN 2197-6708   ISSN 2197-6716   (electronic)
essentials
ISBN 978-3-658-26485-7   ISBN 978-3-658-26486-4   (eBook)
https://doi.org/10.1007/978-3-658-26486-4

Die Deutsche Nationalbibliothek verzeichnet diese Publikation in der Deutschen Nationalbibliografie; detaillierte bibliografische Daten sind im Internet über http://dnb.d-nb.de abrufbar.

Springer Gabler

Springer Gabler ist ein Imprint der eingetragenen Gesellschaft Springer Fachmedien Wiesbaden GmbH und ist ein Teil von Springer Nature
Die Anschrift der Gesellschaft ist: Abraham-Lincoln-Str. 46, 65189 Wiesbaden, Germany

- Wie man ein Spiel formell definiert
- Was Strategie bedeutet
- Das Gefangenendilemma und deren Anwendungen in Politik und Finanzen
- Die Entstehung von Kooperation und Konflikt

Für Lotti, eine hervorragende Spielerin.

Inhaltsverzeichnis

Spiele und Spielen, eine Einführung 1

> *„I use game theory to help myself understand conflict situations and opportunities"*
>
> (Thomas Schelling)

1.1 Lassen Sie uns spielen: Was ist Spieltheorie?

Unser ganzes Leben hängt von Entscheidungen ab. Einige der Entscheidungen, die wir treffen, sind komplett unabhängig von dem, was andere Menschen entscheiden. Ob ich heute den Schirm nehme oder nicht, hängt nur davon ab, ob ich glaube, dass es regnen wird oder nicht (gut, ich gebe es zu, vielleicht hat die Person, die das Wetter vorhersagt, einen Einfluss auf meine Entscheidung). Aber das Ergebnis von vielen unserer anderen Entscheidungen hängt von den Entscheidungen vieler anderer Leute ab. Also: Wir interagieren mit anderen Menschen, bewusst oder unbewusst, wenn wir nach der optimalen Entscheidung suchen. Das nennt man „Interdependenz".

Beispiel

- Soll ich den Preis meiner Produkte erhöhen, um mehr Profit zu erzielen?
- Wie könnte ich vorgehen, um eine Gehaltserhöhung zu bekommen?
- Wie mache ich ein Angebot, das man nicht ablehnen kann?
- Soll ich bei einer Panik an den Finanzmärkten auch in Panik geraten und meine Aktien verkaufen?
- Welchen Politiker sollte ich wählen, wenn ich im Eigeninteresse handele?

© Springer Fachmedien Wiesbaden GmbH, ein Teil von Springer Nature 2019
P. Peyrolón, *Spieltheorie und strategisches Denken*, essentials,
https://doi.org/10.1007/978-3-658-26486-4_1

- Meine Partnerin will heute ins Kino, ich zum Fußball. Wie sieht meine beste Strategie aus?
- Wie soll ich bei einer Auktion bieten?

All diese Fragen betrachten das Leben als strategische Interaktion. Die Entscheidung, die Preise meiner Produkte zu erhöhen, muss die Entscheidungen meiner Konkurrenz mit einbeziehen. Wenn die Konkurrenz die Preise nicht erhöht, gerate ich in die Gefahr, dass mich Kunden verlassen und ich Marktanteile verliere. Deswegen nennen wir dies eine „Strategische Entscheidung". Also: Wir interagieren mit anderen Menschen, bewusst oder unbewusst, wenn wir nach unserer optimalen Entscheidung suchen. Um diese Interaktion kümmert sich die Spieltheorie. Da die Interdependenz zwischen Menschen Kooperation oder Konflikt auslösen kann, sagt man auch, dass die Spieltheorie sich mit dem Studium der Kooperation und des Konfliktes beschäftigt (Dixt und Nalebuff 1997). Erklären wir die Teile dieser Aussage: Das Leben einer Person passiert nicht isoliert. Im Gegenteil: Wir sind soziale „Tiere". Das bedeutet, dass wir mit anderen interagieren. Um die Ergebnisse dieser Interaktion zu optimieren (mehr dazu später), treffen wir strategische Entscheidungen, also Entscheidungen, die die Entscheidungen der anderen mit einbeziehen. Das nennen wir Interdependenz. Das Ergebnis von unseren Entscheidungen, die zu unserem Verhalten und Handeln führen, hängt nicht nur von uns ab, sondern auch von den Entscheidungen (Handeln und Verhalten) unseres sozialen Umfelds. Wir sind also „ein Spieler". Unser soziales Umfeld besteht ebenfalls aus Spielern. Ein einfaches Beispiel: Beim Schachspiel hängt der Erfolg unseres Zuges von der Antwort des Gegners ab, die wiederum unseren nächsten Zug beeinflussen wird.

▶ Spieltheorie ist das Studium (mathematischer) Modelle für Verhandlungen, Konflikte und Zusammenarbeit zwischen Einzelpersonen, Organisationen, Regierungen und andere Lebewesen.

So können wir die Spieltheorie als Werkzeugkasten benutzen, mit dem man Situationen analysieren kann, in denen das Ergebnis unserer Handlungen von den Handlungen anderer Individuen abhängt. Wir können die Spieltheorie auch als Instrument benutzen, um Verhandlungen von „Spielern" zu analysieren und das Ergebnis vorherzusagen. Die Spieltheorie wird in vielen unterschiedlichen Bereichen und Situationen angewendet, beispielsweise in der internationalen Politik, bei strategischen Entscheidungen von Unternehmen, bei privaten Entscheidungen und zum Studium vom Verhalten von Tieren in der Gruppe.

Warum heißt die Spieltheorie eigentlich Spieltheorie?
Die Spieltheorie entstammt der formalen Beschreibung von Gesellschaftsspielen, die vom Mathematiker John von Neumann im Jahr 1928 gemacht worden ist. Zusammen mit Oskar Morgenstern veröffentlichte er im Jahr 1944 *The Theory of Games and Economic Behavior* (Morgenstern und von Neumann 2007). Diese Veröffentlichung wird als die Geburt der Spieltheorie angesehen.

Wieso Gesellschaftsspiele?
Beim Spielen geht es normalerweise um Entscheidungen, die gemacht werden, indem man die Entscheidungen anderer Mitspieler mit einbezieht. Das sind strategische Entscheidungen: Ich muss meine Umgebung wahrnehmen, damit ich eine optimale Entscheidung treffen kann. Welchen Zug soll ich machen, zum Beispiel beim Schach? Welches Land soll ich zuerst versuchen zu erobern (beim Risiko)? Soll ich diese teure Straße kaufen (bei Monopoly)? Soll ich bluffen bei einer schlechten Hand im Poker? All diese Entscheidungen haben einen gemeinsamen Nenner: Wir treffen die Entscheidungen mit dem Wissen oder Glauben (Erwartungen), was unsere Mitspieler/Gegner machen werden. Der Erfolg meiner Entscheidung hängt von der Entscheidung meines Gegners ab. Die Spiele haben so gesehen viele Ähnlichkeiten mit dem realen Leben, wo das Ergebnis unserer Handlungen fast immer davon abhängt, was die anderen unternehmen. Diese Art von Entscheidungen nennen wir interaktive Entscheidungen, im Gegensatz zu den Entscheidungen, bei denen unser Handeln/Verhalten keinen Einfluss auf unsere Umgebung hat. Natürlich ist die Analyse bei Gesellschaftsspielen einfacher als im „realen" Leben, weil bei Gesellschaftsspielen die Spielregeln eindeutig definiert sind. Man weiß auch ganz genau, wer die Spieler sind und auch das Ziel ist offensichtlich: gewinnen. Außerdem ist immer klar, wer der Gewinner und wer der Verlierer ist. Trotzdem lassen sich mit Spielen, die die Spieltheorie in mathematischen Modellen definiert, reale Situationen, etwa Wirtschaftsverhandlungen zwischen Staaten, sehr gut analysieren. Auch benutzt man diese Modelle, um bessere Strategien zu entwickeln und so das strategische Denken zu schärfen. Also: Zuerst brauchen wir Spiele, die wir für die Analyse nutzen können.

1.2   Was versteht die Spieltheorie unter „Spielen"?

Aus der oben stehenden Definition wissen wir, dass die Spieltheorie Interaktionen von strategischen Entscheidern analysiert. Jede solche Interaktion wird als Spiel bezeichnet. Die Spieltheorie modelliert diese Spiele, damit sie zur Analyse und

Entscheidungsfindung benutzt werden können. Nehmen wir ein klassisches Beispiel aus der Spieltheorie: Wie vermeide ich Verkehrsstaus? Wir nehmen eine konkrete Autobahn, die verschiedenen Verkehrsmittel, die Fahrer, die zu dieser Zeit auf der Autobahn fahren, und die Verkehrsregeln. In der Regel versucht man mit dem „Modellieren" komplexe Situationen zu vereinfachen, damit man sie besser analysieren kann. Das ist der klassische Zugang der Wirtschaftswissenschaften, um reale ökonomische Situationen und Ereignisse besser analysieren zu können. Durch dieses „Modellieren" eines Spiels erhalten wir:

- Handlungsmöglichkeiten: Welche Optionen stehen den Spielern zu Verfügung (zum Beispiel mit dem Auto fahren, mit dem Rad, mit dem Bus, zu Fuß oder mit dem Zug)?
- Ergebnisse: Welche Resultate werden durch die verschiedenen Handlungen hervorgerufen (zum Beispiel Stau, zu spät kommen, zu viel Benzin verbrauchen)?
- Wert der Ergebnisse: Welchen Wert haben die Ergebnisse für die verschiedenen Spieler (zum Beispiel mit dem Rad habe ich Sport gemacht; mit dem Zug war ich am schnellsten und hab Benzin gespart).

Nun haben wir die formale Komponente eines Spiels bei der Spieltheorie:

- die Regeln
- die Teilnehmer (die Spieler)
- die Optionen (Handlungsmöglichkeiten) der Spieler
- die Reihenfolge, in der die Spieler die Entscheidungen treffen
- die Informationslage der Spieler.
- die Ergebnisse dieser Handlungen („Auszahlungen")
- den Wert, den jeder einzelne Spieler diesen Ergebnissen beimisst („Nutzen")

Damit die Spieltheoretiker oder die Spieler selbst eine Handlung mit einer anderen vergleichen können, brauchen sie einen Wert, der sie die Auszahlungen (die aus den Entscheidungen resultieren) vergleichen lässt. Ökonomen nennen diesen Wert oft „Nutzen", man kann ihn aber auch Gewinn, Verlust, Glücksgefühl oder einfach Auszahlung nennen. Es gibt Spiele, bei denen die Ermittlung dieses Wertes ziemlich einfach ist: Entweder gewinne ich und du verlierst oder ich verliere und du gewinnst (zum Beispiel bei Sportereignissen oder bei Wetten unter Freunden). Diese Spiele nennt man Nullsummenspiel: „Mein Gewinn ist das, was du verlierst." Aber das ist nicht immer der Fall. Es gibt auch die Nicht-Nullsummenspiele: „Das was ich gewinne, entspricht nicht dem, was du verlierst." Es ist auch möglich, dass beide Spieler gewinnen oder beide verlieren. Spiele, bei denen man durch Kooperation aller Beteiligten gewinnen kann, gehören zu den Nicht-Nullsummenspielen. Eine „Win-Win" Situation ist also das Ergebnis eines Nicht-Nullsummenspiels. Die meisten Situationen, mit denen wir uns beschäftigen, entsprechen Nicht-Nullsummenspielen. Deswegen konzentriert sich die Spieltheorie hauptsächlich auf diese Art von Spielen.

▶ **Nullsummenspiel** Ein Spiel, bei dem die Summe der Gewinne und Verluste aller beteiligten Spieler gleich null ist. Wir sprechen auch von „strikt kompetitiven Spielen".

▶ **Nicht-Nullsummenspiele** Dies sind Spiele, die, im Gegensatz zu den strikt kompetitiven Spielen, sowohl kompetitive als auch kooperative Elemente aufweisen. Die Summe der Gewinne und Verluste aller Spieler ist ungleich Null.

Zwei wichtige Annahmen der Spieltheorie sind:

1. Die Spieler verhalten sich rational.
2. Die „*Common Knowledge*" (gemeinsames Wissen) Annahme: Jeder Spieler kennt die Spielregeln und weiß, dass alle Spieler rational handeln. Und alle Spieler wissen, dass alle Spieler das wissen, dass sie es wissen, und so weiter.

Was bedeutet „rationales Verhalten"?
Einige Leser werden jetzt denken, dass sich in der realen Welt viele mächtige Spieler irrational verhalten. Beispielsweise gibt es schon mehrere Studien über den psychologischen Zustand von US-Präsident Donald Trump: „*Donald Trump zeigt gefährliche Anzeichen von Paranoia und Sadismus.*"[1] Für die Spieltheorie ist Donald Trumps Verhalten nicht unbedingt irrational (Paranoia und Sadismus vortäuschen können ein Signal sein, um die Glaubwürdigkeit von Drohungen zu verstärken; mehr dazu in Kap. 3).

Deswegen ist es eine kurze Erklärung des Begriffs „Rationalität" im Kontext der Spieltheorie an dieser Stelle sicherlich sinnvoll. Jeder Mensch hat etwas, das

---

[1]https://www.welt.de/wirtschaft/bilanz/article178798224/Donald-Trump-zeigt-gefaehrliche-Anzeichen-von-Paranoia-und-Sadismus.html (besucht 12.12.2018).

wir im Allgemeinen als „Wertesystem" bezeichnen. Im Sinne der Spieltheorie verhält man sich rational, wenn man seine Entscheidungen und Handlungen kohärent mit diesem Wertesystem trifft. Für ein Unternehmen in einem kapitalistischen System steht die Gewinnmaximierung ganz oben auf der Liste des Wertesystems. Die rationalen Entscheidungen, die dieses Unternehmen treffen wird, orientieren sich am Ziel der Gewinnmaximierung. Wenn wir den Begriff der Rationalität in diesem Sinne verwenden, dann ist klar, dass wir viele Politiker nicht mehr als verrückt bezeichnen können, weil sie ja, gemessen an ihrem eigenen Wertesystem, rationale Entscheidungen treffen.

Die Spieltheorie hat sich aber weiterentwickelt und berücksichtigt nun auch „irrationales" Verhalten und die menschlich-emotionale Komponente. Dieser relativ neue Zweig wird als *Behavioral Game Theory* bezeichnet. Hier werden Experimente unternommen, um zu sehen, ob sich die Menschen tatsächlich im beschriebenen Sinne „rational" verhalten (auch Tiere werden bei *Behavioral Game Theory* beobachtet). Wir werden anhand von Beispiele sehen, dass es in der realen Welt, oft wenn sich die Spieler „irrational" aus der Sicht der Spieltheorie verhalten, zu einem besseren Ergebnis für alle Beteiligten kommt, was nicht selten zu Paradoxen führt.

Um die Definition und Benutzung eines Spiels anschaulicher zu machen, beschäftigen wir uns im folgenden Abschnitt mit dem wohl berühmtesten Spiel der Spieltheorie, dem Gefangenendilemma. Zuerst aber noch einige Anmerkungen zur Anwendung der Spieltheorie in die Welt der Finanzen.

1.3   Spieltheorie und Finanzmärkte

Es gibt mehrere Möglichkeiten, die Spieltheorie in der Welt der Finanzmärkte anzuwenden. Wir erläutern hier die drei wichtigsten:

1. als Werkzeug, um Situationen zu analysieren, die einen großen Einfluss auf das Geschehen an den Finanzmärkten haben (zum Beispiel der Brexit, der Handelsstreit zwischen China und den USA oder die Verhandlungen über das Staatsbudget zwischen Republikanern und Demokraten).
2. um die Finanzmärkte so zu regulieren, dass Krisen minimiert und Investoren geschützt werden (also, die Spielregeln verändern). Beispiel: Nach der Weltwirtschaftskrise, die 2007 begann, kam es zu drastischen Maßnahmen, um das Bankensystem zu stabilisieren (etwa mit der Einführung eines einheitlichen

Bankenaufsichtsmechanismus oder strengere Regeln für das außerbörsliche Handeln von Derivaten[2]).

3. um Finanzentscheidungen zu treffen: Sollen wir unsere Aktien verkaufen, wenn alle verkaufen oder warten, bis der Sturm vorbei ist? Sollen wir so investieren wie die großen Spieler George Soros oder Warren Buffet? Sollen wir auf den Berater hören oder genau das Gegenteil machen?

Nehmen wir als Beispiel den kleinen Investor in uns. Als kleiner Investor haben wir, einzeln betrachtet, keinen Einfluss auf das Geschehen an den Finanzmärkten. Aber wir können durchaus die Entscheidungen und Handlungen der anderen beobachten und dementsprechend unsere Strategie anpassen. In diesem Kontext könnten wir die sogenannte „Follow-the-Leader"-Strategie anwenden: Was die mächtigen Spieler machen, sollten wir nachmachen. Diese Strategie kann auch verheerende Folgen für den Finanzmarkt haben, nämlich wenn alle Marktteilnehmer *„Follow the Leader"* spielen. George Soros und Warren Buffett[3] sind mächtige Spieler an den Finanzmärkten. Sie sind mächtig, nicht nur, weil ihre Entscheidungen oft richtig sind, sondern auch, weil jeder Spieler weiß, dass jeder Spieler genau zuhört, wenn Soros oder Buffett sprechen. So können diese beiden Herren ganze Herden von Investoren zu der einen oder anderen Entscheidung bewegen. Im Juni 2016 wettete George Soros 100 Mio. EUR gegen die Deutsche Bank. Bei dieser Operation gewann er mehr als 20 % dank der Herde von Investoren, die ihm bei dieser Entscheidung folgte.

Die *„Follow-the-Leader"*-Strategie können wir auch für die Empfehlungen von Finanzberatern anwenden. Wenn die meisten Finanzberater eine bestimmte Empfehlung aussprechen (zum Beispiel zum Kauf von Google-Aktien), dann werden nur sehr wenige Finanzberater das Gegenteil empfehlen. Denn wenn sie falsch liegen, wird man ihnen vorwerfen, dass sie versucht haben, gegen den Strom zu schwimmen. Wenn allerdings ein einziger Berater mit seiner Prognose von sinkenden Google-Aktien richtig liegt, wird er seinen Ruf als Analyst enorm verbessern. In der Regel sind es junge Finanzberater, die sich am meisten trauen, nicht die Strategie *„Follow the Leader"* anzuwenden. Sie haben noch

---

[2]Derivate sind Finanzprodukte deren Preis sich vom Preis von einen Basisprodukt ableitet. Es dient zur Risikominimierung aber auch für Spekulation. Derivate können sehr komplexe Instrumente sein Derivate hatten eine große Mitschuld an der finanzkrise 2007. Die Finanzexperten sagten damals „Dass die Finanzmärkte zu Casinos geworden sind, daran sind die Derivate schuld."

[3]George Soros und Warren Buffett sind zwei US-amerikanische Großinvestoren.

nicht viel an Reputation zu verlieren, weil sie relativ unbekannt sind. Aber sie könnten viel positives Image gewinnen, wenn sie gegen die Mehrheit doch Recht haben sollten. Was bedeutet das für den kleinen Investor? Junge Finanzberater werden risikoreichere Empfehlungen aussprechen, die jedoch einen höheren potenziellen Gewinn in Aussicht stellen. Die schon lange etablierten Finanzberater werden versuchen, ihren kostbaren guten Ruf zu verteidigen, indem sie eine „*Follow-the-Leader*"-Strategie anwenden (sie raten also zu wenig riskanten Aktionen). Achten Sie doch beim nächsten Mal, wenn Sie mit Ihrem Finanzberater sprechen, einmal auf sein Alter, ob er verheiratet ist, und ob er Kinder hat. All das wird auch einen Einfluss auf das Risikolevel seiner Empfehlungen haben.

Ein Wort zur „Strategie". Bis jetzt haben wir das Wort Strategie als Zug oder Entscheidung von einem Spieler benutzt. Wir haben noch nicht „Strategie" aus spieltheoretischer Sicht definiert.

▶ Definition

Die Strategie ist ein kompletter Spielplan eines Spielers. Unter „komplett" versteht man, dass der Spieler für jede mögliche Situation eine vorher genau definierte Handlung festgelegt hat.

Man unterscheidet zwischen reinen und gemischten Strategien:

Reine Strategien: sind die Aktionen, die einem Spieler zur Verfügung stehen.

Gemischte Strategien: ist eine Mischung der reinen Strategien. Jede reine Strategie wird mit einer gewissen Wahrscheinlichkeit gewählt (wir werden uns in den nächsten Kapiteln näher mit diesen Konzepten beschäftigen).

Was hat ein Schönheitswettbewerb mit dem Aktienmarkt zu tun?

Der große Ökonom und Mathematiker John Maynard Keynes verglich in seinem Buch „Allgemeine Theorie der Beschäftigung, des Zinses und des Geldes" (Keynes 2017) von 1936 einen Schönheitswettbewerb mit Investitionsentscheidungen. Die Idee war folgende Analogie: Eine Zeitung veröffentlichte 100 Fotos attraktiver Frauengesichter. Die Teilnehmer, die die sechs beliebtesten Fotos auswählten, bekamen einen Preis. Also: Wenn man gewinnen wollte, ging es nicht darum, die für sich selbst schönsten Gesichter auszuwählen, sondern die, von denen man glaubt, sie sind die schönsten für die meisten anderen Teilnehmer. Noch besser ist es, die sechs Gesichter auszuwählen, von denen der Durchschnitt der Teilnehmer denkt, dass sie der Durchschnitt auswählen wird usw. Diese Art zu denken hat viel mit dem Herdentrieb auf den Finanzmärkten gemeinsam. Wenn man im Aktienmarkt das Verhalten der Herde vorhersagen kann, dann ist man auf der sicheren Seite, um Profit zu erzielen. Das geschieht auch bei einer Aktienblase. Die rationalen Investoren kaufen weiter, auch wenn der Preis der

Aktien sich längst vom fundamentalen Wert entfernt hat, weil sie erwarten, dass die anderen Investoren steigende Preise erwarten. Die Strategie ist: Investitionsentscheidungen werden nicht nach dem fundamentalen Wert der Aktien getroffen, sondern nach dem Wert, von dem man glaubt, dass die Mitspieler ihn der Aktien geben.

Der Punkt ist: Die Investoren sind Spieler (im Sinne der Spieltheorie). Sie sollten die Strategie der anderen Spieler durchschauen können oder, besser gesagt, gut vorhersagen können, um die eigene Strategie so zu entwickeln, dass man den eigenen Gewinn maximiert. Dieses Spiel kann sehr komplex sein – wegen der vielen verschiedenen Spieler, die an den Finanzmärkten teilnehmen, und der modernen Instrumente, die der Finanzwirtschaft zur Verfügung stehen. Wie wir schon erwähnt haben, versuchen die Wirtschaftswissenschaften einen Überblick über die Komplexität zu gewinnen, indem man entsprechende Modelle konstruiert, die eine Simplifizierung der Realität darstellen, die aber auch genug Aussagekraft haben, um eine zuversichtliche Prognose zu erstellen.

Die Idee hinter diesen Anwendungen der Spieltheorie im Aktienmarkt kann man so erläutern: Man nimmt die Entscheidungen der anderen Investoren in seinen eigenen Entscheidungsalgorithmus, um die Strategie mit der eigenen Auszahlung zu maximieren. Wenn man zum Beispiel auf eine Erhöhung der Apple-Aktien in den kommenden sechs Monaten setzt und die Mehrheit der anderen Investoren der gleichen Meinung ist, dann werden sie einen Gewinn machen können. Wenn aber die Mehrheit der anderen Spieler glaubt, dass die Apple-Aktie in den nächsten sechs Monaten sinken wird, werden sie Geld verlieren. Die Kunst besteht also in der richtigen Prognose der Entscheidungen der anderen Spieler (insbesondere der „mächtigen" Spieler).

So können wir die *„Common-Knowledge"*-Annahme (gemeinsames Wissen) der Spieltheorie für die die Finanzmärkte anwenden. Zur Erinnerung: Die Annahme des „gemeinsamen Wissens" sagt:

- „Ich weiß was die anderen Spieler wissen."
- „Die anderen Spieler wissen, dass ich weiß was die anderen Spieler wissen."
- „Ich weiß, dass die anderen Spieler wissen, dass ich weiß, dass die anderen Spieler wissen, dass ich weiß, dass sie wissen, dass ich es weiß. Und so weiter."

Dies erklärt uns, warum auf die Finanzmärkte spezialisierte Medien (zum Beispiel CNBC, Bloomberg oder die Financial Times) so mächtig sind: Jeder Investor glaubt, dass all die anderen Investoren und Analysten die Meldungen von Bloomberg oder CNBC mitbekommen haben und dementsprechend handeln werden. Und jeder andere Investor weiß, dass ich es weiß, also werden sie auch so handeln. Nur ganz mächtige Spieler (zum Beispiel große Investment Fonds oder die Europäische Zentralbank) können dann diese Spirale stoppen oder umkehren.

Im nächsten Kapitel beschäftigen wir uns mit dem „Gefangenendilemma", das wohl bekannteste Spiel der Spieltheorie, und deren vielseitigen praktischen Anwendungen.

Fazit

Wir haben erklärt, was Spieltheorie ist und womit sie sich beschäftigt: dem Studium der interaktiven Entscheidungsfindung. Wir können jetzt ein Spiel definieren und Konzepte dafür entwickeln, wie rationales Verhalten, Strategie oder Null-Summenspiele anzuwenden sind.

Zusätzlich wurde das Nutzen der Spieltheorie bei den Finanzmärkten erläutert.

Das Gefangenendilemma 2

2.1 Die Geschichte von Hans und Peter, zwei Bankräubern

Zwei Bankräuber, Hans und Peter, werden von der Polizei gefasst. Ihnen wird vorgeworfen, einen Banküberfall begangen zu haben. Beweisen kann man zurzeit nur, dass sie im Besitz von illegalen Waffen sind. Der Inspektor will die beiden Beschuldigten getrennt voneinander verhören. Die Staatsanwaltschaft wird eingeschaltet und bietet den Räubern folgende Optionen mit der Kronzeugenregelung[1]:

1. Wenn einer gesteht, bekommt er eine Haftstrafe von einem Jahr und der, der schweigt, acht Jahren Gefängnis. Der, der gesteht, gibt ja die Beweise, die noch fehlten; es gilt ja die Kronzeugenregelung.
2. Wenn beide gestehen, kommt jeder für sechs Jahre ins Gefängnis (wegen Zusammenarbeit mit den Behörden ist die Strafe nicht so hoch).
3. Wenn beide schweigen, gibt es zwei Jahre Gefängnis (wegen illegalen Waffenbesitzes; es gibt ja keine Beweise für den Banküberfall).

Diese Optionen werden anschaulicher, wenn wir die Geschichte in eine Matrix zusammenfassen (siehe Tab. 2.1). Diese Art von Darstellung nennt sich in der Spieltheorie Normalform oder strategische Form (im Gegensatz zu der Extensivform die wir später erklären werden). Die Matrix beinhaltet die ganze Information die wir brauchen, um das Spiel zu analysieren: die verschiedenen

---

[1]Kronzeugen sind solche Zeugen die, gegen Zusage von Strafmilderung für ihren eigenen Tatbeitrag, gegen die übrigen Beteiligten aussagen.

© Springer Fachmedien Wiesbaden GmbH, ein Teil von Springer Nature 2019   11
P. Peyrolón, *Spieltheorie und strategisches Denken,* essentials,
https://doi.org/10.1007/978-3-658-26486-4_2

Tab. 2.1 Normalform vom Gefangenendilemma

Hans Peter	Gestehen	Schweigen
Gestehen	−6,−6 (A)	−1,−8 (B)
Schweigen	−8,−1	−2,−2

Handlungsmöglichkeiten, die die Spieler zu Verfügung haben, und die dazugehörigen Auszahlungen. Die Matrix für Hans und Peter sieht so aus:

Wie „liest" man so eine Matrix? Die erste Zeile und die erste Spalte zeigen uns die Handlungsmöglichkeiten für beide: gestehen oder schweigen. Die negativen Zahlen in den inneren Feldern der Matrix stehen für die Jahre, die sie im Gefängnis verbringen würden. Das sind die sogenannten „Auszahlungen", die jeder Handlungskombination einen Wert (z. B. verlorene Freiheitsjahre) zuordnen. In Tab. 2.1, zeigt uns jede der vier Zellen mit Zahlen, die Jahre, die Hans und Peter sitzen würden, für jede mögliche Kombination der Handlungsmöglichkeiten, die die beiden haben. So steht in der mit (A) bezeichneten Zelle Folgendes: Wenn Hans und Peter gestehen, dann bekommt jeder sechs Jahre Gefängnis (−6,−6). In der Zelle (B): Wenn Hans gesteht und Peter schweigt, bekommt Hans ein Jahr Gefängnis (−1). Peter muss acht Jahre sitzen (−8).

Wie analysiert man das Gefangenendilemma, das wir in Tab. 2.1 zusammengefasst haben?
Betrachten wir zunächst jeden „Spieler" einzeln. Es ist klar, dass sowohl Hans als auch Peter so wenig Zeit wie möglich im Gefängnis verbringen wollen. Nehmen wir Hans zuerst.

In Tab. 2.2 haben wir nur die Handlungsoptionen und Jahre im Gefängnis für Hans dargestellt. Wenn er redet, bekommt er entweder sechs oder ein Jahr Gefängnis, je nachdem, was Peter entscheidet (zweite Zeile der Tabelle). Wenn er schweigt, landet er für acht oder zwei Jahre im Gefängnis, auch je nachdem, was Peter macht (dritte Zeile der Tabelle).

Wir wissen, dass Hans rational ist. Das ist die Voraussetzung der Spieltheorie, die wir im ersten Kapitel näher beschrieben haben. Welches ist der Gedankengang vom „rationalen Hans"? „Wenn ich rede, muss ich entweder sechs Jahre

Tab. 2.2 Handlungsmöglichkeiten und Auszahlungen (Jahre Gefängnis) für Hans

Hans		
Gestehen	**−6**	**−1**
Schweigen	−8	−2

oder ein Jahr sitzen; wenn ich schweige, bekomme ich acht oder zwei Jahre Gefängnis". Gestehen ist also besser für mich: -6 oder -1, verglichen mit -8 oder -2. Also: Egal, was Peter entscheidet, sollte ich gestehen. In Tab. 2.2 haben wir diese beste Option für Hans (gestehen) markiert.

Um die Analyse weiterzuführen, überlegen wir, wie Peter denkt (siehe Tab. 2.3): „Wenn ich rede, bekomme ich entweder sechs Jahre oder ein Jahr; wenn ich schweige, muss ich acht oder zwei Jahre sitzen. Gestehen ist also besser für mich: -6 oder -1, verglichen mit -8 oder -2. Also: Egal, was Hans macht, sollte ich reden". In Tab. 2.3 haben wir diese beste Option für Peter (gestehen) markiert.

Also, sowohl für Hans als auch für Peter, ist „Gestehen", die beste Entscheidung die sie treffen können, unabhängig von dem was der andere entscheidet. Das nennt man in Spieltheorie eine dominante Strategie.

▶ Strikt dominante Strategie: Eine Strategie, die für den betreffenden Spieler immer optimal (höchste Auszahlung) ist, unabhängig davon, welche Strategie sein Gegenspieler gewählt hat, nennt man strikt (oder streng) dominante Strategie. Einfach gesagt: die strikt dominante Strategie ist immer die beste Antwort.

▶ Wenn ein Spieler eine strikt dominante Strategie hat, dann muss er sich keine Gedanken machen darüber, was der Gegenspieler machen wird. Wenn man eine strikt dominante Strategie hat, dann spielt man diese Strategie, weil man ja immer die höchste Auszahlung damit bekommt. Deswegen sind Spiele, wo strikt dominante Strategien vorkommen, leichter zu analysieren und zu spielen. Das bedeutet aber, dass wenn man eine strikte dominante Strategie hat, man nicht motiviert sein wird zu kooperieren, weil man auch ohne Kooperation die höchste Auszahlung bekommt.

Da Hans und Peter rational sind, werden sie beide ihre dominante Strategie auswählen: Gestehen.

Und jetzt kommt das Dilemma: Wenn beide gestehen, kommt jeder für sechs Jahre ins Gefängnis. Nicht vergessen: Gestehen ist die beste Strategie für beide.

Tab. 2.3 Handlungsmöglichkeiten und Auszahlungen (Jahre Gefängnis) für Peter

Peter	**Gestehen**	Schweigen
	-6	-8
	-1	-2

Aber wenn jeder tatsächlich die beste Entscheidung für sich selbst trifft, dann ist das Ergebnis schlechter, als hätten die beiden geschwiegen, denn hätten beide geschwiegen, hätte jeder „nur" zwei Jahre sitzen müssen. In Tab. 2.4 sind beide Strategiekombinationen, (gestehen-gestehen und schweigen-schweigen) dargestellt. Die dominante Strategie für jeden ist in Tab. 2.4 markiert.

Wo ist das Dilemma?

Obwohl beide die individuell rational beste Entscheidung (gestehen) treffen, ist das Ergebnis für beide schlechter, als hätten beide geschwiegen. Beide wissen, dass es besser für beide ist, zu schweigen. Das Problem ist das Vertrauen. Hans und Peter werden in getrennten Verhörzimmern befragt. Wenn Hans schweigt, kann er sich nicht hundertprozentig sicher sein, dass Peter doch nicht gestehen wird.

Zu gestehen in diesem Spiel ist eine rationale Entscheidung, weil ich nicht vertrauen kann was mein Freund im anderen Verhörraum sagen wird. Sowohl Hans als auch Peter sind motiviert sich nicht an die mögliche Vereinbarung zu halten (zu schweigen). Und obwohl diese Entscheidung rational ist, kommt es zu einem schlechteren Ergebnis, als wenn beide kooperiert hätten. Das ist das Dilemma: beiden fällt es schwer zu kooperieren, obwohl die Kooperation für beide Seiten vorteilhaft ist. Wie wir im ersten Kapitel gesagt haben: hätten sich Hans und Peter „irrational" aus Sicht der Spieltheorie verhalten, wäre es zu einem besseren Ergebnis für beide gekommen.

Zusätzlich zu den strikt dominanten Strategien gibt es auch die strikt dominierte Strategie.

▶ Eine Strategie A eines Spielers ist strikt dominiert, wenn es eine andere Strategie B gibt, die immer zu einer höheren Auszahlung führt als A. Eine strikt dominierte Strategie ist niemals die beste Antwort und kann damit auch niemals Bestandteil eines Nash-Gleichgewichtes sein.

Jetzt wissen wir, dass beide seine dominante Strategie auswählen. Das Ergebnis ist also die markierte Zelle von Tab. 2.4. Es entsteht ein Gleichgewicht dominanter Strategien.

Tab. 2.4 Das Dilemma

Hans Peter	**Gestehen**	Schweigen
Gestehen	**−6,−6**	
Schweigen		−2,−2

▶ Gleichgewicht dominanter Strategien: ein Gleichgewicht, das durch die Auswahl der dominanten Strategien beider Spieler entsteht.

▶ Nash-Gleichgewicht: Ein Gleichgewicht oder Equilibrium dominanter Strategien ist auch ein Nash-Gleichgewicht[2]. Einfach gesagt ist das Nash-Gleichgewicht jenige Kombination von Handlungsmöglichkeiten von beiden Spieler, bei denen keiner der Spieler ausweichen will; also, das Ergebnis, dass die Beteiligten zufriedenstellt vorausgesetzt, die anderen Spieler behalten ihre Strategie unverändert. Ein Spiel kann mehrere Nash-Gleichgewichte oder keines davon enthalten. Ein Nash-Gleichgewicht muss nicht immer aus dominante Strategien bestehen.

Im Fall des Gefangenendilemmas ist also das Nash-Gleichgewicht „gestehen-gestehen" (markiert in Tab. 2.4).

Die Nash-Gleichgewichtstrategie auswählen ist nur dann eine gute Idee wenn wir wissen dass der andere Spieler auch die Nash-Gleichgewichtsstrategie auswählen wird.

Im Gefangenendilemma kann keine Kooperation zwischen Hans und Peter entstehen, weil sich beide nicht vertrauen. Das Gefangenendilemma ist ein Beispiel von einem nicht kooperativen Spiel. In Spieltheorie unterscheidet man zwischen kooperative und nichtkooperative Spiele.

▶ Nicht kooperative Spiele: Spiele, bei denen die Spieler ihr Eigeninteresse verfolgen, denn es gibt keine Möglichkeit, eine bindende kooperative Abmachung zu treffen. Dies kann geschehen, weil es zum Beispiel keine Kommunikationsmöglichkeiten zwischen den Spielern gibt, wie es im Gefangenendilemma der Fall ist. Oder es gibt keine verpflichtenden Verträge, die die Spieler dazu zwingen, eine Abmachung nicht zu brechen. Da die Kooperation nicht möglich ist (oder nicht erwünscht), wird jeder Spieler seine beste Strategie verfolgen, die seine Auszahlung maximiert, unabhängig von dem, was der andere Spieler entscheidet. Bei nichtkooperativen Spielen folgt, normalerweise, dass das Ergebnis, für die Allgemeinheit betrachtet, ineffizient ist.

Die Lösung in einem nichtkooperativen Spiel wird durch das Nash-Gleichgewicht bestimmt, also durch die Kombination der strikt dominanten Strategien

---

[2]Es ist benannt nach John Nash, Nobelpreisträger der Wirtschaftswissenschaften 1994.

der Teilnehmer im Spiel. Wenn alle Spieler nichts mehr davon haben, von der ursprünglichen Strategie abzuweichen, vorausgesetzt die anderen Spieler behalten ihre Strategie unverändert, dann haben wir das Nash Equilibrium gefunden.

Im Gegensatz zu den nichtkooperativen Spielen stehen die kooperativen Spiele.

▶ Kooperative Spiele sind Spiele, bei denen es die Existenz verschiedener Mechanismen es ermöglicht, dass bindende Abmachungen getroffen werden können oder befolgt werden müssen. Damit dies möglich ist, geht man bei diesen Spielen davon aus, dass Kommunikation möglich ist und, dass es eine extern dritte Kraft oder Partei gibt, die die Erfüllung der Vereinbarung sichert (z. B., Gesetze, welche die unterschreibenden Parteien eines Vertrags verpflichten).

Wie im ersten Kapitel erwähnt, können Spiele Nullsummenspiel oder Nicht-Nullsummenspiel sein. So ist ein Nullsummenspiel ein Spiel, bei dem die Summe der Gewinne und Verluste aller beteiligten Spieler gleich null ist, ein nicht kooperatives Spiel. Beim Nicht-Nullsummenspiel gibt es sowohl kompetitive als auch kooperative Elemente. Die Spiele, die wir in Wirtschaft oder Politik finden, sind üblicherweise eine Kombination aus Kooperation und Kompetition.

2.2 Spiel: Kampf der Geschlechter

Das erste Beispiel zur Verdeutlichung des Nash-Gleichgewichts, ist das „Kampf der Geschlechter"-Spiel. Die Geschichte von diesem Spiel ist folgende:

Eva und Chris sind Partner. Heute Abend wollen beide gemeinsam ausgehen. Eva würde gern spanisch essen gehen; Chris würde lieber ins Kino gehen. Beide haben nun vergessen, was sie ausgemacht haben und können nicht miteinander kommunizieren. Wir haben wieder zwei Spieler mit je zwei Handlungsoptionen. Sollten sie spanisch essen gehen, würde Eva einen größeren Nutzen als Chris haben, weil ihre Präferenz „Essen gehen" ist. Im Gegensatz würde Chris mehr Nutzen als Eva bekommen, wenn sie ins Kino gehen, weil die Präferenz von Chris das Kino ist. Wenn jeder macht, was er am liebsten machen würde, bekommen beide Null Nutzen am Abend, weil sie ja den Abend gemeinsam verbringen wollten. In Tab. 2.5 ist der Sachverhalt veranschaulicht.

Wir haben es hier wieder mit einem interaktiven, strategischen Spiel zu tun, weil der Nutzen (in diesem Fall das Glücksgefühl) von der eigenen Entscheidung und von der Entscheidung des Partners abhängt. Um die Dynamik des Spiels zu verstehen, verwenden wir einfach die „Was wäre, wenn?"-Frage:

Tab. 2.5 Kampf der Geschlechter

Eva Chris	Essen gehen	Kino
Essen gehen	**10;5**	0;0
Kino	0;0	**5;10**

Wenn sich Eva für essen gehen entscheidet: Welche Strategie wäre die beste für Chris? Wenn er sich auch für essen gehen entscheidet, bekommt er fünf Glückspunkte; wenn er ins Kino geht, bekommt er null Glückspunkte. Also wird er sich auch fürs Essen entscheiden.

Wenn sich Eva fürs Kino entscheidet: Welche Strategie wäre die beste für Chris? Offensichtlich ins Kino zu gehen, weil das ja seine Präferenz war.

Das gleiche „Was wäre, wenn …?" können wir bei Eva anwenden: Wenn Chris sich fürs Kino entscheidet, ist die beste Antwort von Eva, auch ins Kino zu gehen. Wenn Chris sich fürs Abendessen entscheidet, dann ist Abendessen die beste Antwort für Eva. Also haben wir in diesem Spiel zwei Nash-Gleichgewichte. Eva würde gern das Gleichgewicht auswählen, bei dem sie essen gehen. Chris hat eine Präferenz für das Gleichgewicht, bei dem beide ins Kino gehen. Beide Gleichgewichte bewirken verschiedene Glücksgefühle für Eva und Chris. Das bedeutet einerseits Konflikt, weil beide Gleichgewichte verschieden für Eva und Chris sind. Andererseits bietet sich die Möglichkeit einer Koordination.

Kein Spieler im Spiel würde eine andere Aktion ausführen, solange jeder andere Spieler gleich bleibt.

2.3 Wieso ist das Gefangenendilemma so interessant? Beispiele aus der realen Welt

Mit der Parabel vom Gefangenendilemma erklärt man sehr gut das Scheitern von Kooperation und Koordination. Man kann das Gefangenendilemma in sehr vielen unterschiedlichen Bereichen anwenden: in der Wirtschaft, insbesondere an den internationalen Finanzmärkten, in der Politik, der Biologie oder der Soziologie.

2.3.1 Wirtschaft: Konkurrenz um einen höheren Marktanteil

Nehmen wir an, Apple und Samsung planen das Werbebudget für ihre Smartphones für das kommende Jahr. Die zwei Optionen, die sie haben, sind:

Werbebudget erhöhen oder gleich lassen (Annahmen: keiner will das Budget reduzieren). Beide Unternehmen wissen nicht, was der Konkurrent entscheiden wird. Nehmen wir an, Apple will mehr Geld für die iPhone-Werbung ausgeben, um Marktanteile des Samsung Galaxy zu gewinnen. Samsung hat dann zwei Optionen: 1) Auch sein Werbebudget erhöhen, um zu versuchen, einen Marktanteil gegenüber Apple zu verlieren; oder 2) Mit dem gleichen Werbebudget weitermachen und Marktanteile verlieren. Aber: Keines der beiden Unternehmen weiß, was die Konkurrenz entschieden hat. Die hohen Kosten für die zusätzliche Werbung kann man dann nur decken, wenn man Marktanteile gewinnt und sich so die Gewinne erhöhen. Die Situation ist in Tab. 2.6 zusammengefasst.

Wenn beide Unternehmen in gleichem Maße ihre Werbebudgets erhöhen (aggressive Werbekampagne), dann behalten beide Unternehmen ihren Marktanteil: Nichts hat sich verändert, außer, dass beide jetzt wegen höherer Kosten einen niedrigeren Gewinn ausweisen. Wie kommt man zu diesem Gleichgewicht (markiert in Tab. 2.6)? Wir fragen uns zuerst, wie Samsung denkt. Welche ist die dominante Strategie für Samsung? Wenn Apple die Werbekosten erhöht, ist die beste Option für Samsung, auch die Werbekosten zu erhöhen. Denn wenn Samsung die Werbekosten unverändert lässt, verliert es Marktanteil. Wenn Apple die Werbeausgaben nicht erhöht, ist es immer noch die beste Entscheidung für Samsung, seinerseits die Werbekosten zu erhöhen. Denn so würde es Marktanteile von Apple übernehmen. Die gleiche Denkweise haben wir bei Apple. Egal, was Samsung entscheidet: Die beste Option für Apple ist es, eine aggressive Werbekampagne zu führen. Also haben beide Unternehmen die gleiche strikt dominante Strategie: aggressive Werbekampagne. So haben wir die gleiche Situation wie beim Gefangenendilemma: Die beste rational individuelle Entscheidung für beide Unternehmen (die aggressive Werbekampagne, die strikt dominante Strategie) bringt ein Ergebnis, das schlechter ist für beide Unternehmen, weil sie durch die höheren Kosten einen niedrigeren Profit erzielen, aber ihre Marktanteile unverändert bleiben.

Tab. 2.6 Gefangenendilemma bei einem Kampf um einen höheren Marktanteil

Apple Samsung	**Aggressive Werbekampagne**	Werbebudget gleich lassen
Aggressive Werbekampagne	**Marktanteile bleiben gleich, aber Gewinn reduziert sich wegen erhöhter Kosten**	Apple gewinnt Marktanteil, den Samsung verliert
Werbebudget gleich lassen	Samsung gewinnt Marktanteil, den Apple verliert	Marktanteile und Gewinne bleiben gleich

Die optimale Lösung für beide Unternehmen wäre es, zu kooperieren und zu vereinbaren, dass die Werbebudgets gleich bleiben. Aber wie beim Gefangenendilemma wäre jedes der beiden Unternehmen motiviert, sich nicht an die Vereinbarung zu halten. Wie realistisch ist es, dass wirtschaftliche Konkurrenten sich gegenseitig vertrauen? Es müssten Mechanismen oder Regeln geben, die die Teilnehmer verpflichten, die Vereinbarung nicht zu brechen. Diese Art von Regeln finden wir zum Beispiel in der Pharmaindustrie, wo Staaten die Werbung für die meisten Medikamente verbieten, oder in den restriktiven Werbebudgets der politischen Parteien bei einem Wahlkampf. Das sind einige der Lösungen, die die Spieltheorie bietet, um dem Gefangenendilemma zu entkommen.

2.3.2   Verhandlungen zum Thema Klimawandel

Es ist wissenschaftlich bewiesen, dass die Treibhausgase, die durch die Industrie in die Luft gesetzt werden, einen Klimawandel mit sich bringen, der negative Konsequenzen für die Erde hat. Deswegen gibt es seit Jahren zwischen allen Länder Verhandlungen, um die Emission von Treibhausgasen zu verringern und so die globale Erwärmung zu stoppen. Das Problem ist, dass die einzelnen Länder auf die Emission von Treibhausgasen nicht so leicht verzichten wollen, weil das negative wirtschaftliche Konsequenzen bedeutet (kurz gesagt: Mehr CO_2 produziert mehr Wohlstand). Wenn sich alle Länder auf die Reduktion von Emissionen einigen würden, gäbe es genug Länder, die bereit wären, den Vertrag zu umgehen, um einen wirtschaftlichen Vorteil gegenüber den Ländern zu erzielen, die den Vertrag einhalten. Also ist die dominante Strategie für alle Länder, die Emission von CO_2 nicht zu verringern. Wieder haben wir es mit dem Gefangenendilemma zu tun. Für alle Länder wäre es am besten, die Emissionen zu reduzieren, um langfristig den Klimawandel zu verlangsamen, aber jedes einzelne Land ist motiviert, den Vertrag nicht zu halten, um von der Gutmütigkeit der anderen Länder zu profitieren, ohne eigene Kosten tragen zu müssen.

Mit diesem Beispiel sehen wir, dass sich das Gefangenendilemmas auf viele soziale Dilemmata mit der sogenannten Parabel „Tragik der Allmende"[3] (auch Tragödie des Allgemeinguts genannt) übertragen lässt: Wenn Individuen oder Gruppen in ihrem rationalen Eigeninteresse handeln (z. B. CO_2 nicht reduzieren), wird eine gemeinsame Ressource erschöpft (z. B. saubere Luft), sodass sie in der

---

[3]Aus dem englischen *Tragedy of the commons.*

Zukunft nicht mehr verwendet werden kann. Einfach gesagt. Gemeinschaftsgüter werden bis zur Erschöpfung genutzt, auch wenn das gemeinsame Interesse das Gegenteil ist (Dilemma). Einige Beispiele von der Tragik der Allmende:

- Verkehrsstau
- Überfischung
- Raubbau an den Wäldern.

Wieder müssen Regeln oder Mechanismen in den Verhandlungen eingesetzt werden, um das gemeinsame, bessere für alle, Ziel zu erreichen. Um soziale Dilemmata zu lösen, sind Gesetze und Verträge notwendig. Die Verträge müssen so gestaltet werden, dass sie nicht leicht zu umgehen sind und zusätzlich braucht man eine glaubwürdige Sanktionspolitik für all die Vertragsbrecher. All diese Bedingungen sich nicht einfach umzusetzen in der internationalen Politik; deswegen ziehen sich solche Verhandlungen über Jahre.

2.3.3 Verhandlungen zwischen Demokraten und Republikaner über das Staatsbudget der USA

Die jüngsten Verhandlungen über das Staatsbudget zwischen Demokraten und Republikaner sind ein hervorragendes Beispiel, um die Möglichkeiten der Spieltheorie zu zeigen. Hauptthema bei diesen Verhandlungen ist die Mauer, die Donald Trump an der Grenze zu Mexiko errichten will. In diesem Streit sind die amerikanischen Bürger inaktive Spieler, die nur in der Zukunft (bei den nächsten Wahlen) die Politiker bestrafen können. Bestenfalls gibt es die Möglichkeit, sich mit einem Streik aktiv einzuschalten (wie es die amerikanischen Fluglotsen getan haben). Die Verlängerung dieses Streits hat zwei direkte Konsequenzen auf die Finanzmärkte:

1. Ungewissheit; ein Wort, das sehr schlecht für die Märkte ist
2. Eine Schwächung der amerikanischen Wirtschaft, was auch die Weltwirtschaft bremst.

Wie kann uns die Spieltheorie helfen, Klarheit über den Ausgang dieses Spiels zu gewinnen?

Beginnen wir bei den Spielern: Beide Parteien sind Politiker, sind also einem zukünftigen Druck (bei den nächsten Wahlen) durch die Bürger ausgesetzt. Das bedeutet: Beide Spieler verlieren, wenn die Verhandlungen zu lange dauern.

Die Besonderheit dieses Spiels: Früher oder später muss es eine Einigung geben. Es ist offensichtlich, dass die USA nicht für immer ohne geprüftes Staatsbudget bleiben werden. Beteiligte und nicht Beteiligte haben also die Gewissheit, dass die Verhandlungen ein Ende haben werden.

Verhandlungssituationen in der Politik sind alltäglich. Jeder der Beteiligten, Demokraten und Republikaner, weiß, dass es auch in der Zukunft viele Verhandlungssituationen geben wird. Vielleicht braucht Präsident Trump in der Zukunft die politische Unterstützung eines Teils der Demokraten. Vielleicht ist es auch umgekehrt. Deswegen geht es in den Verhandlungen auch um die Entscheidung: „jetzt gewinnen" oder „das Gewinnen in die Zukunft verlagern". Das ist eine der Lösungen, um dem Gefangenendilemma zu entkommen. Die Spieltheorie nennt diesen Weg „wiederholte Spiele". Da wir wissen, dass sich das Spiel wiederholen wird, kann man durchaus die Option „man gibt jetzt nach" wählen, weil man weiß, dass man in der Zukunft gewinnen wird. Es könnte aber auch sein, was schon Winston Churchill im letzten Jahrhundert gesagt hat: „Schlechte Politiker denken an die nächste Wahl; gute Politiker denken an die nächste Generation". Das Problem: Demokraten und Republikaner wissen, dass die nächste Generation noch nicht wählen kann.

Sehr oft handeln Politiker im eigenen Interesse. Das ist auch zum Teil der Fall bei den Verhandlungen über das Budget und den langen „Shutdown" in den USA. „Im eigenen Interesse handeln" bedeutet für den (kurzsichtigen) Politiker, keine Wähler zu verlieren und so viele wie möglich dazuzugewinnen (oft liegen die Politiker falsch). In unserem Beispiel: „Nachgeben" bedeutet für Donald Trump, dass er von seinen eigenen Wählern bestraft wird. Aggressiv kämpfen und sich durchsetzen macht seine Wähler glücklich und er könnte einige dazu gewinnen. Aber das Gleiche gilt für die Demokraten. In Tab. 2.7 fassen wir diese Situation zusammen.

Tab. 2.7 Kampf um das Staatsbudget zwischen Demokraten und Republikaner in der USA

Demokraten Republikaner	Aggressiv Verhandeln	Nachgeben
Aggressiv verhandeln	Beide Parteien behalten ihre Wähler	Die Demokraten gewinnen Unterstützung; die Republikaner verlieren Wähler
Nachgeben	Die Demokraten verlieren Wähler; die Republikaner gewinnen Unterstützung	Beide Parteien verlieren Unterstützung von ihren Wählern

Tab. 2.8 Auswirkungen auf der Wirtschaft vom Budget Streit zwischen Demokraten und Republikaner

Demokraten Republikaner	Nachgeben	Aggressiv Verhandeln
Nachgeben	Gut für die Wirtschaft	Schlecht für die Wirtschaft
Aggressiv Verhandeln	Schlecht für die Wirtschaft	Sehr schlecht für die Wirtschaft

Zusätzlich zu Tab. 2.7 können wir noch eine Matrix definieren (vgl. Tab. 2.8), die die Auswirkungen auf die Wirtschaft zeigt, die jede Kombination von politischem Verhalten mit sich bringt.

Wenn beide Parteien nachgeben, bedeutet es, dass sie kooperieren. Jeder macht Kompromisse und es kommt zu einer Lösung, die gut für die Wirtschaft ist. Wenn beide aggressiv verhandeln, schadet es der Wirtschaft und somit den Finanzmärkten, weil dann zu befürchten ist, dass es länger dauern wird, ein Staatsbudget freizugeben. Wenn eine Partei nachgibt und die andere aggressiv verhandelt, wird die Wirtschaft nicht so stark leiden. Offensichtlich ist die beste Kombination für die Gesellschaft, dass die Wirtschaft nicht leidet, also dass beide Parteien nachgeben und einen Kompromiss unterschreiben.

Wir haben jedoch gesehen, dass es die beste Strategie (die dominante Strategie) für jede einzelne Partei ist, sich aggressiv zu verhalten. Wie entkommen wir nun diesem Dilemma?

In diesem Konflikt gibt es eine dritte, indirekte Spielpartei, die entscheidend für die mögliche Lösung des Spiels sein könnte: die amerikanischen Beamten. Wir haben über die Wähler gesprochen, aber die sind für die Politiker erst interessant, wenn sich der Wahltermin nähert. Die amerikanischen Beamten haben aber zur Zeit der Verhandlungen genug Macht, um die Lösung des Konfliktes zu beschleunigen. Die Mehrheit der Beamten bekommt kein Gehalt während des Shutdowns. Es stellt sich zwangsläufig die Fragen, warum die Beamten überhaupt arbeiten gehen. Sie wissen ganz genau, was in den letzten Shutdowns passiert ist. Es wurde ihnen der Lohn nachgezahlt, den sie während der Zeit des Shutdowns verdient hatten. Aber es kommt ein Punkt, an dem die finanzielle Lage für die Beamten nicht mehr auszuhalten ist. Und wenn es so weit ist, dann wird auch die amerikanische Mittelschicht die negativen Folgen zu spüren bekommen. Wenn man an etwas leidet, dann liegt es in der Natur der Menschen, einen Schuldigen dafür zu suchen. Den werden sie in Donald Trump und den Republikanern finden, weil für die Mittelschicht, laut Umfragen, das Thema Grenzmauer mit Mexiko, irrelevant ist. Das wissen die Demokraten und lassen sich Zeit damit während

Donald Trump weiter an Vertrauen und Glaubwürdigkeit verliert. Im nächsten Kapitel, in dem wir neue Spiele kennenlernen werden, sehen wir, wie es im amerikanischen Budgetstreit weiterging und was die Spieltheorie dazu sagt.

2.3.4 Die OPEC als Gefangenendilemma

Das Verhalten in einem Kartell ist ein Paradebeispiel des Gefangenendilemmas. Die Organisation erdölexportierender Länder (OPEC) hat schon sehr oft das Gefangenendilemma erlebt. Die Mitgliedstaaten der OPEC verhandeln über die Förderung von Erdöl. Sie können entscheiden, die Ölförderung zu drosseln, um das Angebot an Erdöl zu reduzieren und so die Preise in die Höhe zu treiben. Sie können aber auch entscheiden, die Ölproduktion zu fördern, um das Angebot zu erweitern und die Preise niedriger zu halten. Welche ist (für ein einzelnes Land betrachtet) die beste Strategie? Das Beste für alle Mitgliedstaaten wäre es, dass sie alle die Produktion zurückfahren, um die Preise in die Höhe zu treiben und mehr Gewinn erzielen. Aber jedes einzelne Land hätte dann das Interesse, diesen Vertrag zu brechen: mehr produzieren, mehr verkaufen und von den höheren Preisen profitieren, die durch das gemeinsame Handeln entstanden sind. Aber jedes Land denkt so, also ist „vorprogrammiert", dass sich keiner an den Vertrag halten wird. Die dominante Strategie für die Mitgliedstaaten ist es, die Vereinbarung zu brechen. Das bedeutet, dass jeder Mitgliedsstaat die Produktion doch steigern wird, somit wird das Angebot an Erdöl größer, was die Preise sinken lässt. Somit ist das Ergebnis für alle Beteiligten schlechter, als wenn sie kooperiert hätten. Die Situation entspricht also dem Gefangenendilemma. Tab. 2.9 fasst das Kartellverhalten zusammen.

Tab. 2.9 Streit beim OPEC Kartell

Saudi Arabien Rest OPEC	Vertrag brechen	Vertrag unterstützen
Vertrag brechen	Saudi Arabien und die restlichen Mitgliedsstaaten haben niedrigeren Gewinn	Saudi Arabien hat einen hohen Gewinn; der Rest der OPEC hat einen sehr niedrigen Gewinn
Vertrag unterstützen	Saudi Arabien erzielt einen moderaten Gewinn, die restlichen Mitgliedsstaaten einen hohen Gewinn	Saudi Arabien und die restlichen Mitgliedsstaaten erzielen einen moderaten Gewinn

Was lernen wir über das Verhalten aus diesen Beispielen?

- Menschen haben Schwierigkeiten, Entscheidungen zu treffen, bei denen Ungewissheit bezüglich des künftigen Nutzens vorliegt (verglichen mit den unmittelbaren Kosten). Das Problem wird noch schwieriger, wenn man versucht, die Entscheidungen großer Gruppen zu koordinieren.
- Politiker haben Schwierigkeiten, eine langfristige Politik zu koordinieren, die zukünftig aber ungewisse Vorteile bringen könnte, weil die unmittelbaren Kosten, die dadurch verursacht werden, ihre Chance auf eine Wiederwahl reduziert.
- Unternehmen werden keine großen Investitionen zum Umweltschutz tätigen, wenn die Konkurrenz das auch nicht tut, denn durch die Kosten könnten sie ihren Marktvorteil verlieren.

Das Gleiche gilt für die Klimaverhandlungen: Weder China noch die USA werden einseitig umweltschützende Maßnahmen treffen, solange es der andere nicht tut.

2.4 Wege aus dem Gefangenendilemma

Damit Lösungen für das Gefangenendilemma auch funktionieren, müssen wir Mechanismen finden, die die Kooperation der Spieler sicherstellt. Die am häufigsten angewandten Mechanismen werden in den folgenden Abschnitten beschrieben.

2.4.1 Wiederholte Spiele

Verhandlungen wiederholen sich in der Politik und in der Wirtschaft immer wieder. Alltägliche Konflikte sind selten eine einmalige Situation. Wenn man sich bewusst ist, dass sich die Spiele wiederholen, dann wird man anders Spielen oder so verhandeln, als wenn es nur ein einmaliges Spiel wäre. Die wiederholte Interaktion zwischen Menschen oder Parteien erleichtert die Kooperation, weil man weiß, dass „man sich immer wieder treffen wird".

Der Politikwissenschaftler Robert Axelrod (Axelrod 2009) machte verschiedene Computerexperimente, um die beste Lösung für das Gefangenendilemma zu finden, wenn das Spiel wiederholt wird. Viele Strategien wurden getestet. Die wohl berühmteste und eine der erfolgreichsten war die sogenannte

„Tit-for-Tat"-Strategie (frei übersetzt: „Wie du mir, so ich dir"). „Tit-for-Tat" ist ein sehr einfacher Algorithmus mit nur drei Regeln:

1. Ich starte mit der Strategie „Kooperation".
2. Wenn du kooperierst, dann kooperiere ich weiter.
3. Wenn du die Kooperation verweigerst, dann verweigere auch ich die Kooperation.

Die „Tit-for-Tat"-Strategie ist „nett", weil sie freundlich anfängt, weil ich ja signalisiere, dass ich bereit für die Kooperation bin. Aber unfreundliches Verhalten des Gegenspielers wird bestraft, denn wenn du die Kooperation verweigerst, dann werde ich das auch tun. Und sie ist nicht nachtragend, denn ich kann jederzeit die Kooperation wieder aufnehmen (Dixt und Nalebuff 1997). Computersimulationen haben gezeigt, dass die „Tit-for-Tat"-Strategie am erfolgreichsten ist, um aus dem Gefangenendilemma Kooperation zu entwickeln.

Ein Beispiel, wie man das Gefangenendilemma gewinnen kann, wenn man weiß, dass nur ein Spieler das Spiel wiederholen muss, liefert uns der 16-tägige Shutdown der US-Regierung unter Präsident Obama. Obama hatte es in diesem „Spiel" von Anfang an einfach: Er war in seiner zweiten Amtszeit. Er musste sich also keiner neuen Wahl stellen (im Gegensatz zum Shutdown unter Präsident Trump, für den eine zweite Amtszeit noch möglich ist). Die Republikaner mussten an die nächsten Wahlen denken. Obama hatte eine dominante Strategie: weiter aggressiv verhandeln, weil er nichts mehr zu verlieren hatte. Die Republikaner konnten nicht weiter aggressiv verhandeln, weil sie befürchteten, bestraft zu werden. Also gaben sie nach und Obama gewann[4].

2.4.2 Strafen für jeden, der abweicht

Die Idee ist im Grunde einfach, aber die Umsetzung bereitet dennoch Schwierigkeiten: Jedes Abweichen von der kooperativen Strategie wird bestraft. Man braucht mindestens eine dritte starke Partei, die in der Lage ist, die Unkooperativen zu bestrafen. Das wird nicht leicht sein. In unseren Beispielen haben

---

[4]Eine detaillierte Analyse über Obamas Strategie finden Sie in http://blogs.reuters.com/anatole-kaletsky/2013/10/03/game-theory-and-americas-budget-battle/ (Besucht 30.11.2018).

wir gesehen, dass sozialer und politischer Druck die Strafen mildern kann. Außerdem ist die Zahl der Spieler relevant. Bei großen Gruppen ist es nicht immer einfach, den Unkooperativen zu finden.

2.4.3 Belohnung für Kooperation

Auch die Umsetzung dieser Idee ist nicht leicht. Man benötigt wiederum eine dritte Partei, die die Belohnungen zuordnen kann. Zusätzlich kommt die Schwierigkeit der Objektivität hinzu. Nicht alle Spieler sind gleich und auch die Ausgangspositionen können verschieden sein. Die passenden „fairen" Belohnungen zu finden, ist komplex. Es ist nicht das gleiche, ob die USA oder etwa ein kleineres Land wie Dänemark vom Klimavertrag ausweichen.

Zusammenfassung

Das Gefangenendilemma ist eines der wichtigsten Spiele der Spieltheorie, weil es viele reale Konflikte und Verhandlungen widerspiegelt. Um die Lösung eines Spiels zu finden, suchen wir nach dominanten und dominierten Strategien. Dies führt uns zu einem Nash-Gleichgewicht, bei dem keiner der Spieler seine Entscheidung mehr verändern möchte. Mit den verschiedenen Beispielen (z. B. Budgetstreit in den USA oder Klimaverhandlungen) haben wir die Schwierigkeiten der Kooperation und mögliche Lösungen für die Konflikte gezeigt.

Hühner, Tauben und Falken

3.1 Extensive (oder dynamische) Form

Außer der Matrixform gibt es in der Spieltheorie die sogenannte extensive Form, um ein Spiel darzustellen. Die normale Form (Matrixform, auch „strategische Form" genannt) verwenden wir, um Situationen darzustellen, in denen die Spieler gleichzeitig entscheiden, ohne zu wissen, was die anderen Spieler entschieden haben (z. B. befinden sich im Gefangenendilemma beide Spieler in getrennten Verhörräumen). Diese Art von Spielen nennt man **simultane Spiele.** Die Spieler entscheiden gleichzeitig. „Schere-Stein-Papier" ist ein klassisches Beispiel für ein Simultanspiel.

Für Spiele, bei denen die Spieler nacheinander entscheiden, brauchen wir eine bessere Darstellungsform. Der erste Spieler entscheidet sich, der zweite Spieler beobachtet diesen Zug und entscheidet erst dann über seinen eigenen Zug. Diese Spiele nennt man **sequenzielle Spiele.** Um diese zeitliche Komponente des Spiels darzustellen, benutzen wir einen Spielbaum.

▶ Sequenzielle (oder dynamische) Spiele sind Spiele, bei denen die Entscheidungen der Spieler nicht gleichzeitig, sondern nacheinander getroffen werden. Diese Spiele werden mittels der extensiven Form beschrieben.

Abb. 3.1 zeigt die Beschreibung eines sequenziellen Spiels mit einem sogenannten Spielbaum. Diese Art der Darstellung eines Spiels gibt uns zusätzliche Information über das Geschehen zwischen beiden Spielern, weil der Faktor Zeit miteinbezogen wird. Die extensive Form ist ein Baumdiagramm mit Knoten und Zweigen. Die Knoten sind Punkte, an denen ein Spieler eine Entscheidung treffen oder Handlung ergreifen muss. Die Zweige (oder Kanten) sind die Optionen,

© Springer Fachmedien Wiesbaden GmbH, ein Teil von Springer Nature 2019
P. Peyrolón, *Spieltheorie und strategisches Denken*, essentials,
https://doi.org/10.1007/978-3-658-26486-4_3

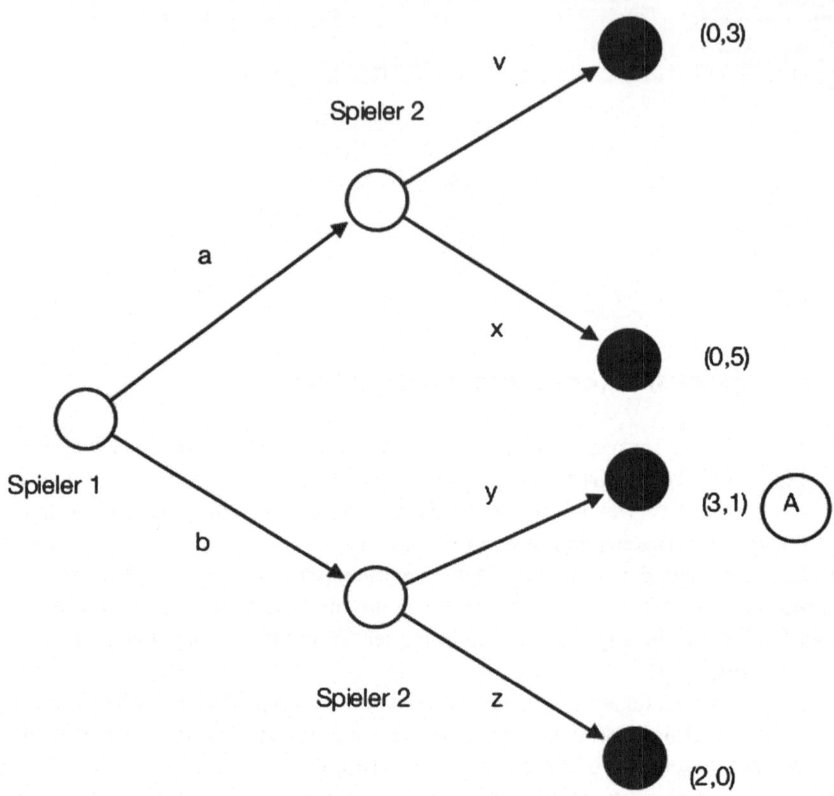

Abb. 3.1   Sequenzielles Spiel mit Spielbaum. (Quelle: eigene Darstellung)

die einem Spieler zur Verfügung stehen. Bei Abb. 3.1 handelt Spieler 1 im ersten Knoten und wählt eine von zwei Handlungsmöglichkeiten (a oder b). Im zweiten Knoten befindet sich jetzt Spieler 2 und wählt zwischen v oder x, oder zwischen y oder z, je nachdem, was Spieler 1 gewählt hat. Am Ende der Aktionsfolge (b, y) ergibt sich der Nutzen 3 für Spieler 1 und 1 für Spieler 2, also die Auszahlungen (Punkt A in Abb. 3.1).

▶ Die extensive (oder dynamische Form) ist die Beschreibung eines Spiels mittels eines Spielbaums, in dem die Spieler alternierend Entscheidungen treffen.

Wenn Spieler 1 beginnt, hat Spieler 2 zusätzliche Information für seine Entscheidungsfindung, denn er weiß, was Spieler 1 ausgewählt hat. Das bedeutet aber auch, dass der Spieler, der den ersten Zug macht, in unserem Beispiel Spieler 1, das Spiel von Anfang an konditionieren oder beeinflussen kann. Man sieht also, dass die Information, die die Spieler zur Verfügung haben, eine wichtige Rolle für die Weiterentwicklung des Spiels hat. Deshalb unterscheidet man in der Spieltheorie zwischen Spielen unter vollkommener (oder perfekter) Information und Spielen unter unvollkommener (oder imperfekter) Information.

▶ Ein Spiel unter vollkommener (perfekter Information) ist ein Spiel, bei dem alle Spieler die vorherigen Züge beobachten können (Beispiel in Abb. 3.1): Spieler 2 wusste, dass Spieler 1 die Option a und Spieler 1 wusste, dass Spieler 2 die Option x gewählt hat.

▶ Ein Spiel unter unvollkommener (imperfekter) Information ist ein Spiel, bei dem mindestens ein Spieler nicht alle vorherigen Entscheidungen beobachten kann.

Die Darstellung mit einem Spielbaum bietet die Möglichkeit, das Spiel rückwärts zu spielen, um die optimale Strategie auszuwählen. Des nennt man Rückwärtsinduktion. Die Rückwärtsinduktion ist die wichtigste Methode, um die Lösung eines sequenziellen Spiels zu finden. Die Rückwärtsinduktion lässt sich am einfachsten mit einem Beispiel erklären. Wir nehmen dazu das Spiel „Kampf der Geschlechter" als sequenzielles Spiel. Zuerst wählt Eva, was sie heute Abend gern unternehmen möchte. Chris wählt dann mit dem Wissen, was Eva gewählt hat. Abb. 3.2 stellt dieses sequenzielle Spiel dar.

Wie funktioniert die Rückwärtsinduktion bei diesem einfachen Beispiel?

Wir beginnen am Ende des Spielbaums, bei den Auszahlungen. Es gibt vier Endpunkte: (10, 5), (0, 0), (5, 10), (0, 0). Die ersten Zahlen stehen dabei für die Auszahlungen an Eva, die zweiten Zahlen für die Auszahlungen an Chris. Eva will natürlich die null Punkte vermeiden. An erster Stelle hätte sie gern 10 (Punkt A, Abb. 3.2), gefolgt von 5 Punkten (Punkt B, Abb. 3.2). Sie denkt rückwärts (Rückwärtsinduktion): „Damit ich 10 Punkte bekomme, muss Chris Essen gehen auswählen. Chris wird aber nur Essen gehen auswählen, wenn ich mich vorher fürs Essen und gegen das Kino entschieden habe." „Also", denkt Eva, „muss ich mich für Essen gehen entscheiden." Was ist jetzt der Unterschied zum simultanen „Kampf der Geschlechter" in Kap. 2?

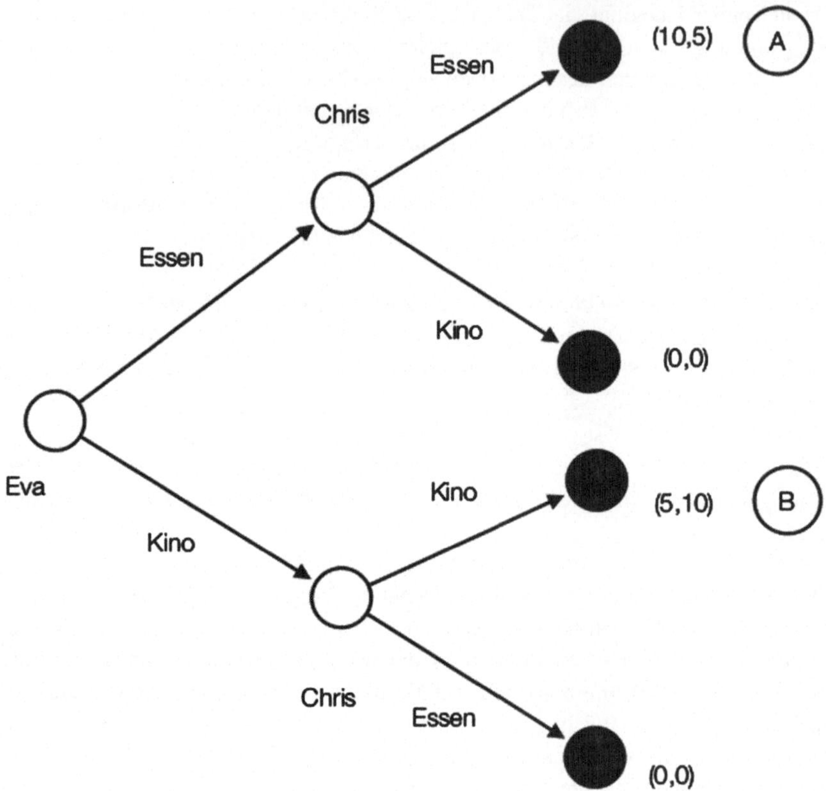

Abb. 3.2 Sequenzielles Spiel „Kampf der Geschlechter". (Quelle: eigene Darstellung)

Es gibt noch immer zwei Nash-Gleichgewichte (A und B), aber eines von beiden wird nicht stattfinden: „Kino-Kino" (Punkt B, Abb. 3.2). Da jetzt Eva zuerst
entscheidet, kann sie das ganze Spiel und somit auch das Verhalten von Chris
konditionieren.

Die Rückwärtsinduktion ermöglicht es dem Spieler, der zuerst am Zug ist, das
Spiel zu seinen Gunsten zu konditionieren. Das wird aber nicht immer funktionieren, weil sich, wie wir schon gesehen haben, die Spiele wiederholen können. Wenn Eva immer beginnt, dann weiß Chris, dass sie immer „Essen gehen"
auswählen wird, also ist es eine rationale Strategie von Chris, ab und zu „Kino"
auswählen.

3.1.1 Markteintritt

Ein Unternehmen (Spieler 1) will in einen Markt eintreten, in dem nur ein einziges Unternehmen tätig ist (also ein Monopolist, Spieler 2). Wenn Spieler 1 eintritt, hat der bisherige Monopolist zwei Möglichkeiten: einen Preiskampf, um den Neuling zu vertreiben, oder dem neuen Unternehmen Platz im Markt lassen. Die Auszahlungen wären folgende:

- Wenn das erste Unternehmen doch nicht eintritt, bekommt es null Punkte und der Monopolist behält die 10 Punkte, die der Markt wert ist (0,10).
- Wenn das neue Unternehmen eintritt und der Monopolist Platz lässt, dann bekommt jedes Unternehmen 5 Punkte, die Hälfte des Marktwertes (5,5).
- Wenn das neue Unternehmen eintritt und der Monopolist wehrt sich mit einem Preiskrieg, bekommt das erste Unternehmen -1 Punkt (als Neuling kann man einen Preiskrieg selten gewinnen), und der Monopolist 1 Punkt (dieser Preiskrieg bewirkt einen geringeren Gewinn für den Monopolisten), also $(-1,1)$.

Dieses Spiel in extensiver Form sehen wir in Abb. 3.3.

Rückwärtsinduktion beim Markteintritt (Abb. 3.3): Das neue Unternehmen will die höchste Auszahlung bekommen, also 5 Punkte (Endknoten A in Abb. 3.3). Die bekommt es, wenn der Monopolist dem Neuling Platz lässt. Damit das geschieht, muss sich das neue Unternehmen entscheiden, in den Markt einzutreten. Mit diesen Auszahlungen ist es unglaubwürdig, dass sich der Monopolist mit einen Preiskrieg verteidigt, denn würde es zu einem Preiskrieg kommen, würde er nur 1 Punkt bekommen (Endpunkt B in Abb. 3.3). Da die Drohung mit einem Preiskrieg unglaubwürdig ist, entscheidet sich das neue Unternehmen für den Markteintritt. Das ist das Ergebnis der Rückwärtsinduktion.

3.2 „The Chicken Game" (Feiglingsspiel)

In vielen Lebenssituationen spielt Glaubwürdigkeit und Reputation eine wichtige Rolle. Im Chicken Game oder Feiglingsspiel haben wir es sowohl mit dem Thema Reputation als auch mit dem der Glaubwürdigkeit zu tun, die durch Reputation entstehen kann: Zwei Individuen wollen sich vor ihrer Gang beweisen und vereinbaren das folgende riskante „Spiel": Sie fahren mit ihrem Sportwagen frontal aufeinander zu. Sie haben jetzt zwei Handlungsmöglichkeiten: Nicht ausweichen und direkt auf das andere Auto fahren, oder ausweichen, um

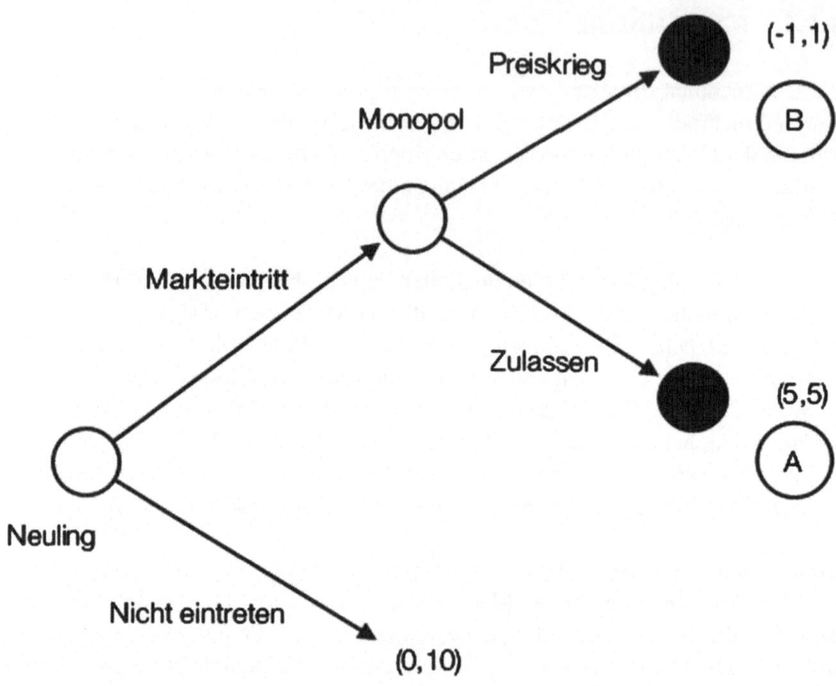

Abb. 3.3 Markteintritt. (Quelle: eigene Darstellung)

Tab. 3.1 Normalform des Feiglingsspiels

Boss 1 Boss 2	Direkt fahren	Ausweichen
Direkt fahren	−50;−50	10;−10
Ausweichen	−10;10	0;0

einen Frontalcrash zu vermeiden. Der, der nicht ausweicht, ist der neue Boss von beiden Gangs. Der, der ausweicht, ist der Feigling (The Chicken), verliert seine Reputation und ist nicht mehr der Boss. Tab. 3.1 stellt die Szenarien dar.

Was sagt uns diese Matrix (Tab. 3.1)? Wenn beide direkt aufeinander fahren und keiner ausweicht, dann kommt es zu einer Frontalkollision. Zumindest werden beide schwer verletzt, vielleicht sogar sterben. Deswegen haben wir −50 und −50 als Auszahlung, wenn beide direkt fahren. Wenn einer direkt fährt und der andere ausweicht, dann bekommt der „Mutige" 10 Punkte an Reputation und der andere verliert diese 10 Punkte. Wenn beide ausweichen, dann bleibt alles gleich, und deswegen gibt es für beide Gang-Bosse null Punkte.

Bevor wir mit der Analyse des Feiglingsspiels beginnen können, müssen wir neue zusätzliche Konzepte definieren. Beim Gefangenendilemma in Kap. 2 haben wir uns mit Nash-Gleichgewichten mit reinen Strategien auseinandergesetzt. Das ist ein Gleichgewicht, bei dem die Spieler mit Sicherheit eine bestimmte Option wählen; die strikt dominante Strategie. Nicht alle Spiele haben so ein Gleichgewicht. So ist etwa das klassische „Schere-Stein-Papier" ein Nullsummenspiel: Wenn ein Spieler gewinnt, verliert der andere Spieler. Bei diesem Spiel gibt es kein Gleichgewicht, bei dem die Spieler mit Sicherheit eine bestimmte Option wählen. Man weiß nicht, ob sich der Gegenspieler für „Schere", „Stein" oder „Papier" entscheiden wird. So ist das Ergebnis des Spiels unberechenbar. Man kann nicht voraussagen, was der Gegner machen wird. Es gibt also bei „Schere, Stein, Papier" kein Nash-Gleichgewicht mit reiner Strategie, aber es gibt ein sogenanntes Nash-Gleichgewicht in gemischten Strategien. Da wir bei „Schere-Stein-Papier" nicht mit hundertprozentiger Sicherheit wissen, was der andere tun wird, können wir uns nicht sicher sein, welches unsere beste Strategie ist. Somit gibt es bei gemischten Strategien keine direkte Entscheidung. Die Strategien werden mit einer bestimmten Wahrscheinlichkeit ausgewählt. In Kap. 1 haben wir schon die gemischten Strategien definiert. Man könnte sie auch wie folgt definieren:

▶ Eine gemischte Strategie ist eine Wahrscheinlichkeitsverteilung, bei der für jede verfügbare Aktion eine Wahrscheinlichkeit zugewiesen wird.

Die Spieler könnten zum Beispiel die Wahrscheinlichkeit, mit der sie die drei Optionen spielen, gleichmäßig verteilen. Dann werden sie zu 1/3 Schere spielen, 1/3 für Stein, und 1/3 für Papier. Dann haben wir ein Nash-Gleichgewicht in gemischten Strategien bei (1/3,1/3; 1/3,1/3; 1/3,1/3).

Mit der Definition von gemischten Strategien können wir das Feiglingsspiel analysieren. Um die Nash-Gleichgewichte in diesem Spiel zu finden, gehen wir wie folgt vor: Wir nehmen eine von den Zellen in Tab. 3.1, z. B. „direkt fahren-direkt fahren", und schauen, ob einer oder beide Spieler motiviert wären, seine bzw. ihre Entscheidung zu verändern. Wenn der erste Spieler direkt fährt, würde der zweite Spieler lieber „ausweichen", weil er dann nur 10 Punkte verliert und nicht 50. Wenn der erste Spieler ausweicht, würde der zweite Spieler lieber direkt weiterfahren, weil er dann 10 Punkte bekommt und nicht 0. Also haben bei „direkt fahren-direkt fahren" beide Spieler eine Motivation zu wechseln, und deswegen kann das kein Nash-Gleichgewicht sein. Nehmen wir jetzt das Feld

„ausweichen-direkt fahren". Spieler 1 würde nicht wechseln wollen, denn dann würde er -50 anstatt -10 Punkte bekommen. Spieler 2 würde auch nicht wechseln wollen, weil er dann 10 Punkte bekommt, wenn er zu „ausweichen" wechseln würde, bekäme er 0 Punkte. Also haben wir bei „ausweichen-direkt fahren" und „direkt fahren-ausweichen" zwei Nash Gleichgewichte mit reinen Strategien (zur Erinnerung: Im Gefangenendilemma, vgl. Kap. 2, gab es nur ein Nash Gleichgewicht).

Noch ein Unterschied zum Gefangenendilemma: Es gibt keine dominante Strategien in „The Chicken Game". Was bedeutet es, dass es keine dominante Strategie gibt? Da heißt, dass es bei jeder Runde, die gespielt wird, zu einem anderen Ergebnis kommen kann. Alle vier Ergebnisse sind beim Feiglingsspiel möglich. Deswegen gibt es im Feiglingsspiel ein drittes Nash-Gleichgewicht, mit gemischte Strategien. Boss 1 könnte signalisieren, dass er mit einer Wahrscheinlichkeit von 80 % nicht ausweichen wird. Dann hätten wir ein Nash-Gleichgewicht mit gemischten Strategien bei (4/5,1/5), also (80 %, 20 %). Deutlicher wird das Konzept und die Anwendung von gemischten Strategien bei den nachstehend beschriebenen Beispielen.

3.2.1 Beispiel: Der Grexit als Feiglingsspiel

Das Feiglingsspiel ist sehr oft in politische Verhandlungen und in internationale Finanzen zu sehen. Ein Beispiel dafür liefert uns die Verhandlungen zwischen der EU und Griechenland im Jahre 2015 um den Schuldenschnitt der Griechen. Die griechische Geschichte (vereinfacht):

Griechenland ist seit 2001 Mitglied der Eurozone. Jahrelang haben sich die verschiedenen griechischen Regierungen Geld von europäischen Banken und dem internationalen Währungsfonds geliehen. Dieses Geld wurde hauptsächlich für Löhne von Beamten und Wohlstandsprogramme benutzt. Nur ein ganz kleiner Teil wurde für Investitionen in die Wirtschaft verwendet. So gingen die Schulden der Griechen in die Höhe, bis über 200 % des Bruttoinlandproduktes. Als man die Kredite nicht mehr zurückzahlen konnte, beantragte die griechische Regierung eine Rettungsaktion. Die Rettungsaktion kam unter der Voraussetzung, dass die griechische Regierung strukturelle Reformen und Sparmaßnahmen unternimmt, zustande. Die Sparmaßnahmen wurden nicht umgesetzt, die Schulden wuchsen weiter. Nun wurde ein Schuldenschnitt beantragt und so begann das griechische Feiglingsspiel, das wir in folgender Matrix (Tab. 3.2) darstellen.

In Tab. 3.2 sehen wir, dass bei jeder möglichen Kombination der Strategien entweder Griechenland oder die EU oder beide gleichzeitig etwas verlieren

Tab. 3.2 Grexit als Feiglingsspiel

	EU (Banken)	
Griechenland	Keine Zugeständnisse (direkt fahren)	Zugeständnisse (ausweichen)
Keine Zugeständnisse (direkt fahren)	Griechenland verlässt die EU/EU Banken bekommen kein Geld/EU Krise	Griechenland kann sich langsam erholen/EU Banken verlieren Geld (Präzedenz für andere Schuldner)
Zugeständnisse (ausweichen)	Griechen leiden unter Sparmaßnahmen/EU Banken bekommen ein bisschen Geld	Griechen leiden unter Sparmaßnahmen/EU Banken verlieren Geld (Präzedenz für andere Schuldner)

können. Beispielsweise bei „Keine Zugeständnisse-Keine Zugeständnisse" verlieren beide, weil es zu einer EU-Krise kommt. Oder: Bei der Kombination „Zugeständnisse" (Griechenland)-Keine „Zugeständnisse (EU)" würden die Griechen unter den Sparmaßnahmen sehr leiden. Es gibt in Tab. 3.2 kein stabiles Gleichgewicht, das sich als Lösung für die Verhandlungen anbieten wurde.

Denn: Was geschah in so einer instabilen Situation? Das Spiel wurde gewechselt. Der „Fahrer" der Griechen, der keine Zugeständnisse machen wollte, Finanzminister Yanis Varoufakis, verließ das Spiel (freiwillig?). Zusätzlich kam die Europäische Zentralbank zur Rettung der EU-Banken. Ein neues Hilfspaket wurde entschieden, das 2018 endete[1]. Ironie: Yanis Varoufakis ist Wirtschaftsprofessor mit Schwerpunkt Spieltheorie!

3.2.2 Beispiel: Budgetverhandlungen zwischen Republikanern (Donald Trump) und Demokraten (Nancy Pelosi)[2]

Wir hatten diese Verhandlung als Beispiel für das Gefangenendilemma dargestellt. Es gibt aber durchaus Komponenten, die man auch beim Feiglingsspiel finden kann. Am 25. Januar 2019 kündigte Präsident Trump das Ende des

---

[1]Griechenland hat aber immer noch sehr viele wirtschaftliche Probleme.

[2]Januar 2019.

Shutdowns am. Einige Reaktionen der Medien erinnern uns deutlich an das Feiglingsspiel:

- CNN: „*How Nancy Pelosi broke Donald Trump*" (Wie Nancy Pelocy Donald Trump gebrochen hat); „The answer is remarkably simple: **She said "no."** And stuck to it" („Die Antwort ist bemerkenswert einfach: Sie sagte "Nein". Und blieb dabei")[3].
- Bloomberg: eine Woche vor der Entscheidung, kam der Titel: „*Pelosi Knows How to Play Chicken. Trump Doesn't.*" („Pelosi weiß wie man das Feiglingsspiel spielt. Trump, nicht")[4].
- Frankfurter Allgemeine: „„SHUTDOWN"-ENDE IN AMERIKA: „Schwächling" Trump"[5].
- Basler Zeitung: „Trump, der Loser: Donald Trump sieht sich gerne als größten Verhandler aller Zeiten. Wie schlecht er tatsächlich ist, zeigt das vorläufige Ende des Shutdowns."[6]

In diesem Feiglingsspiel blieb Nancy Pelosi (Demokraten) auf Kurs („direkt fahren"), mit all den Konsequenzen. Sie könnte beispielsweise ihre Machtposition bei den Demokraten verlieren. Donald Trump musste aufgeben, um nicht zu riskieren Wähler zu verlieren.

3.2.3 Wie kann man beim Feiglingsspiel gewinnen?

Da das Feiglingsspiel zwei Nash-Gleichgewichte in reinen Strategien und eines in gemischten Strategien hat, ist es nicht direkt offensichtlich, wo sich die Lösung befindet, wer der Gewinner oder Verlierer sein wird. Man kann aber bestimmte Strategien benutzen, um das Feiglingsspiel für sich zu entscheiden oder zumindest die Gewinnwahrscheinlichkeit zu erhöhen:

---

[3]https://edition.cnn.com/2019/01/25/politics/nancy-pelosi-donald-trump-end-of-government-shutdown-week-in-review/index.html (Sonntag 27.01.2019; 12:32).

[4]https://www.bloombergquint.com/view/government-shutdown-pelosi-can-play-chicken-trump-can-t#gs.hX2XHJNW Sonntag 29.01.2019 12:47.

[5]https://www.faz.net/aktuell/politik/trumps-praesidentschaft/shutdown-ende-in-amerika-neue-sorgen-fuer-donald-trump-16009332.html Sonntag 29.01.2019.

[6]https://bazonline.ch/ausland/amerika/trump-der-loser/story/16946947 Sonntag 29.01.2019.

1. Man zeigt, dass man nicht mehr die Kontrolle hat. Man signalisiert, dass man den Kurs nicht mehr ändern kann. In unserem Feiglingsspiel könnte man sich etwa vorstellen, ein Lenkradschloss zu benutzen, damit das Auto nicht mehr ausweichen kann, auch wenn wir es so wollten.

2. Die Kommunikation brechen: Ist man nicht mehr erreichbar, dann ist es glaubwürdig, dass, egal was der andere macht, wir von unserer Entscheidung nicht ausweichen werden.

3. Sich eine Reputation als „harter Typ" aufbauen. Wenn man als „harter Typ" gilt, ist es glaubwürdig, dass man vom Kurs nicht abweichen wird. Vladimir Putin gilt als „harter Typ" in Verhandlungen. Ein anderes Beispiel für den Reputationseffekt ist die amerikanische politische Regel, dass man nicht mit Terroristen verhandelt, oder, dass man kein Lösegeld für Geiseln bezahlt. Mit dieser eindeutigen Politik bleibt den Terroristen oder Geiselnehmer nichts anderes übrig, als die eigene Strategie zu ändern.

4. Die Strategie „Spiel mit dem Feuer" oder „Politik am Rande des Abgrunds" einsetzen. Mit dem „Feuer spielen" bedeutet, dass man das Risiko des Spieles so erhöht, bis der Gegner tatsächlich Angst vor dem Ungewissen bekommt. Beispiel: Brexit-Verhandlungen, bei denen niemand genau weiß, was passieren wird, wenn es zu einem „harten" Brexit kommt[7]. Unter dieser Ungewissheit versuchen die Parteien unter allen Umständen, eine Lösung zu finden.

Einzel oder kombiniert können diese Strategien zum Gewinn beim Feiglingsspiel führen.

3.3 Das Tauben-Falken Spiel

Eine Variante des Feiglingsspiel, die oft in der Realität zu finden ist, ist das sogenannte Tauben-Falken Spiel.

Das Spiel ist einfach und geht wie folgt:

Es gibt zwei Individuen oder jeweils eine Gruppe von Menschen, die wir als Tauben oder Falken kategorisieren können. Es ist metaphorisch gemeint. Tauben und Falken stehen in diesem Spiel nur für die Art der Kampfstrategie. Wir wissen, dass Tauben nicht aggressiv sind und Konflikte vermeiden. Auch wissen wir, dass

---

[7]Zum Zeitpunkt als dieser Text verfasst wurde, gab es noch keine Einigung zwischen der EU und Großbritannien über den Brexit.

Falken aggressiv sein können und, wenn sie sich bedroht fühlen, nicht wegfliegen wie die Tauben, sondern in die Konfrontation gehen. Tauben stehen für friedliches Verhalten, Falken für aggressives Verhalten. Wenn also ein Falke eine Taube trifft, wird der Falke mit allen Mitteln sein Revier verteidigen und die Taube wird wegfliegen. Die Tauben geben nur leere Drohungen von sich, verletzen aber niemanden. Man verliert nur Zeit wegen dieser leeren Drohung. Sollten zwei Falken aufeinander treffen, dann wird es einen Konflikt geben, weil beide Falken ihr Revier verteidigen. Dieser Konflikt wird erst zu Ende gehen, wenn einer der Falken stirbt oder schwer verletzt davonfliegt. Sollten zwei Tauben aufeinandertreffen, wird es nur zu „Zeitverlust" kommen, weil keine von ihnen die andere angreifen wird. Bei diesem Spiel kann man also gewinnen, sich verletzen oder sterben, Zeit verschwenden oder verlieren.

Nachdem Sie das gelesen haben, denken Sie vielleicht schon an jemanden, der wie eine Taube handelt und an jemanden, der eher einem Falken entspricht, z. B. in der internationalen politischen Szene. Ist vielleicht Donald Trump eine Taube? Und Kim Jong-Un, der nordkoreanische Diktator: Ist er eine Taube oder ein Falke? Wenn wir diese Fragen beantworten können, dann können wir mit hoher Wahrscheinlichkeit das Ergebnis des Konfliktes vorhersagen.

Wie beim Gefangenendilemma erstellen wir bei diesem Spiel auch eine Matrix (vgl. Tab. 3.3) mit den verschiedenen Handlungsmöglichkeiten von Tauben und Falken und analysieren die Auszahlungen der verschiedenen Kombinationen, die daraus resultieren.

Tab. 3.2 sagt uns: Wenn zwei Tauben aufeinandertreffen, werden beide den Konflikt vermeiden und sich das Revier teilen. Niemand wird verletzt, aber niemand gewinnt etwas. Sie verlieren nur Zeit wegen der leeren Drohung. Also: Revier geteilt durch zwei (25), minus Zeitverlust (−10). Das entspricht der 15,15 (untere rechte Zelle der Tab. 3.2). Wir nehmen an, dass jeder Falke die Hälfte der Kämpfe gewinnen wird. Zusätzlich müssen wir die Kosten solch einer Konfrontation (z. B. Verletzungen) berücksichtigen. Vom potenziellen Gewinn (50) geteilt durch zwei (25) ziehen wir also noch die Kosten der Konfrontation ab (30). So kommen wir auf die −5,−5 in der oberen linken Zelle von Tab. 3.2. Sollte ein Falke auf eine Taube treffen, wird die friedliche Taube davonfliegen (die Taube

Tab. 3.3 Tauben-Falken Spiel

Spieler 1 Spieler 2	Falke	Taube
Falke	−5,−5	50,0
Taube	0,50	15,15

bekommt null Punkte), und der Falke wird alles für sich behalten. Er bekommt 50 Punkte.

Um das Spiel zu analysieren, müssen wir noch von einer Annahme ausgehen: Keiner der Spieler kennt die Strategie des anderen Spielers. Ich weiß nicht, ob mein Gegner als Taube oder Falke handeln wird.

Bei den gegebenen Zahlen wird ein Spieler wie folgt überlegen:

- „Wenn ich die Falken-Strategie verwende, bekomme ich entweder -5 Punkte (wenn der andere Spieler auch Falke spielt) oder 50 Punkte (wenn der andere Spieler „Taube" spielt)."
- „Wenn ich Taube spiele, dann bekomme ich 0 Punkte (wenn der andere Falke spielt) oder 15 Punkte (wenn der andere auch Taube spielt)."

Also haben wir zwei Nash-Gleichgewichte (bei 0,50 und 50,0) und ein Nash-Gleichgewicht in gemischten Strategien. Ich weiß ja nicht, was ich tun soll, weil ich nicht weiß, wie sich mein Kontrahent verhalten wird. Ich kann nur vermuten, mit welcher Wahrscheinlichkeit sich mein Kontrahent wie eine Taube oder ein Falke verhalten wird. Sollte ich zum Beispiel eine Verhandlung mit Vladimir Putin haben, kann ich mit hoher Wahrscheinlichkeit davon ausgehen, dass er sich als Falke verhalten wird. Mit dieser Erwartung kann ich die passende Strategie planen.

Fazit

Wir haben die extensive oder dynamische Form eines sequenziellen Spiel vorgestellt. Die Entscheidungen bei so einem Spiel werden von den Spielern nacheinander getroffen und können in einem Spielbaum dargestellt werden. Die Information spielt eine wichtige Rolle, weil der zweite Spieler bei seiner Entscheidung schon weiß, was der erste Spieler entschieden hat. So konnten wir auch Spiele mit perfekter und imperfekter Information unterscheiden. Zusätzlich haben wir das Feiglingsspiel und das Tauben-Falken-Spiel sowie deren praktische Anwendungen dargestellt. Reputation und glaubwürdige oder leere Drohungen bestimmen die Ergebnisse bei diesen Spielen.

Zum Schluss 4

Jetzt kennen Sie die Essenz der Spieltheorie und ihre vielseitigen Anwendungen. Natürlich hat die Spieltheorie noch viel mehr zu bieten. Mit jedem weiteren Spiel (Modell) erweitern sich die Anwendungsmöglichkeiten und mit ihnen die Effizienz der Analyse. Ihr strategisches Denken entwickelt sich weiter und beginnt Ihre Entscheidungen zu automatisieren. Deswegen empfehle ich Ihnen, sich weiter mit der Spieltheorie zu beschäftigen. Dazu finden Sie in der weiterführenden Literatur einige Empfehlungen, um Ihre spieltheoretische Reise weiterzuführen.

Ich hoffe, Sie haben das miteinander Spielen genossen.

© Springer Fachmedien Wiesbaden GmbH, ein Teil von Springer Nature 2019   41
P. Peyrolón, *Spieltheorie und strategisches Denken*, essentials,
https://doi.org/10.1007/978-3-658-26486-4_4

Was Sie aus diesem *essential* mitnehmen können

- Einführende Konzepte der Spieltheorie
- Das Gefangenendilemma
- Strategisches Denken
- Formelle Spiele zur Analyse von komplexen Situationen
- Anwendungsmöglichkeiten der Spieltheorie

© Springer Fachmedien Wiesbaden GmbH, ein Teil von Springer Nature 2019

P. Peyrolón, *Spieltheorie und strategisches Denken*, essentials,

https://doi.org/10.1007/978-3-658-26486-4

Literatur

Axelrod R (2009) Die Evolution der Kooperation, 7. Aufl. De Gruyter Oldenbourg, Berlin

Dixt AK, Nalebuff BJ (1997) Spieltheorie für Einsteiger: Strategisches Know-how für Gewinner. Schäffer-Poeschel, Stuttgart

Keynes JM (2017) Allgemeine Theorie der Beschäftigung, des Zinses und des Geldes. Duncker & Humblot, München

Morgenstern O, von Neumann J (2007) Theory of games and economic behavior. Princeton University Press, Princeton

Weiterführende Literatur

Binmore K (2013) Spieltheorie. Reclam, Philipp, jun. GmbH

Diekmann A (2009) Spieltheorie: Einführung, Beispiele, Experimente. Rowohlt Taschenbuch

Dixit A, Nalebuff B (2018) Spieltheorie für Einsteiger: Strategisches Know-how für Gewinner. Schäfer Poeschel

Holler M, Illing G (2008) Einführung in die Spieltheorie. Springer

Holler M, Klose-Ullmann B (2007) Spieltheorie für Manager: Handbuch für Strategen. Vahlen

Merö L (1998) Optimal entschieden?: Spieltheorie und die Logik unseres Handelns. Birkhäuser

Rieck C (2015) Spieltheorie: eine Einführung. Rieck. Ch

Taschner R (2015) Die Mathematik des Daseins: Eine kurze Geschichte der Spieltheorie. Hanser

Winter S (2019) Grundzüge der Spieltheorie. Springer Gabler

© Springer Fachmedien Wiesbaden GmbH, ein Teil von Springer Nature 2019
P. Peyrolón, *Spieltheorie und strategisches Denken*, essentials,
https://doi.org/10.1007/978-3-658-26486-4